Vera Peiffer

Ängste überwinden

Vera Peiffer

Ängste überwinden

Wirksame Techniken zur Selbsthilfe

Test: Wie ängstlich sind Sie?
Großer Übungsteil: So verlieren Sie Ihre Angst
Therapien im Überblick

MIDENA

Die Deutsche Bibliothek – CIP-Einheitsaufnahme

Peiffer, Vera:
Ängste überwinden : wirksame Techniken zur Selbsthilfe ;
Test: wie ängstlich sind Sie? ; großer Übungsteil: so verlie-
ren Sie Ihre Angst ; Therapien im Überblick / Vera Peiffer.
– Augsburg : Midena, 1998
    ISBN 3-310-00478-3

Midena Verlag, Augsburg
© 1998 Weltbild Verlag GmbH, Augsburg
Alle Rechte vorbehalten
Umschlagbild: Tony Stone / Brian Bailey
Umschlaggestaltung: Steinkämper und Lohmann, Wörthsee
Fotos: Bavaria Bildagentur: S. 35, 100; übrige: Verlagsarchiv
Zeichnungen: Birgit Hrouzek, München
Satz: Gesetzt aus der Stone Serif, Fotosatz Uhl + Massopust,
Aalen
Druck und Bindung: Offizin Andersen Nexö, Leipzig – ein
Betrieb der INTERDRUCK Graphischer Großbetrieb GmbH

Printed in Germany

ISBN 3-310-00478-3

Inhalt

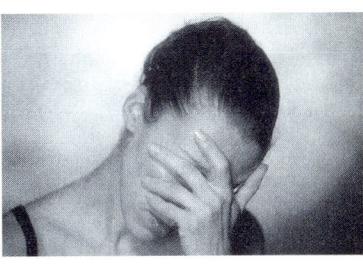

Vorwort

Stellen Sie sich einmal folgende Situation vor: Sie haben gerade in einem Saal voller Leute Platz genommen, um an einer Vorlesung teilzunehmen. Der Vortragende tritt ans Rednerpult und kündigt an, daß er vor Beginn der Veranstaltung unter einem der Zuhörerstühle eine rote Karte befestigt habe und daß derjenige, unter dessen Stuhl sich diese Karte befindet, gleich zu ihm ans Rednerpult treten soll, um einige einfache Fragen zu beantworten. Wie würden Sie sich wohl in diesem Moment fühlen?

Höchstwahrscheinlich ziemlich mulmig, denn Ihr Gehirn schaltet jetzt im Bruchteil einer Sekunde auf Alarmstufe eins. »Um Gottes willen! Was ist, wenn ich die rote Karte unter meinem Stuhl finde? Bloß nicht! Wer weiß, was der mich da vorne fragt. Bestimmt weiß ich die Antwort gar nicht und blamiere mich bis auf die Knochen. Das ist ja der reinste Alptraum! Wäre ich nur nicht hierhergekommen!«

Und während Ihre Gedanken auf Hochtouren laufen, macht Ihr Körper mit: Das Herz fängt an, schneller zu schlagen, und die Magengegend krampft sich zusammen. Und das alles, *bevor* Sie überhaupt unter Ihrem Stuhl nachgesehen haben! Stellt sich dann heraus, daß Sie keine Karte unter Ihrem Stuhl haben, können Sie die Erleichterung förmlich spüren – Ihr Körper entkrampft sich und Sie atmen auf.

Alarmstufe rot

Und dabei ist doch die ganze Zeit gar nichts passiert! Es hat niemand mit dem Finger auf Sie gezeigt und Sie nach vorne zitiert, und es hat Sie auch niemand ausgelacht, weil Sie eine Antwort nicht wußten. Und doch waren Sie nervös, *als ob diese unangenehmen Dinge wirklich passiert wären.* Ihre Gefühle und Ihre Fantasie sind also mit Ihnen durchgebrannt, und so ist das häufig, wenn man Angst hat. Die allermeisten Ängste drehen sich um die Sorge »Was ist, wenn…«, wobei sich die Befürchtungen sowohl auf die Zukunft (»Was ist, wenn ich die Prüfung nicht schaffe?«) als auch auf die Vergangenheit (»Was ist, wenn sie mir meine Bemerkung übelgenommen hat und jetzt nichts mehr von mir wissen will?«) beziehen.

Ängste sind uns allen bekannt; sie gehören zum Leben dazu. Wenn Angst allerdings überhandnimmt und unsere Lebensqualität einschränkt, dann wird es Zeit, etwas gegen sie zu unternehmen. Es gibt vieles, was Sie tun können, um sich selber zu helfen. Finden Sie sich also nicht mit Ihrer Angst ab, sondern arbeiten Sie die Techniken in diesem Band durch. Ängste kann man loswerden. Andere Leute haben es geschafft, und was andere können, können Sie auch. Fangen Sie also gleich heute damit an, Ihrer Angst Kontra zu geben!

Viel Erfolg wünscht Ihnen
Ihre *Vera Peiffer*

Warum haben wir Angst?

KAPITEL 1

Vor Urzeiten hatte der Mensch noch guten Grund zur Angst, denn es ging um seine nackte Existenz. Unwetter, Krankheiten, wilde Tiere oder Nahrungsmangel konnten ihm schnell den Garaus machen, und entsprechend kurz war auch seine Lebenserwartung: Mit 30 gehörte er schon zu den Steinzeit-Rentnern.

Obwohl wir heutzutage vor Naturkatastrophen und wilden Tieren viel besser geschützt sind als der Steinzeitmensch, grassieren Ängste aber nach wie vor, nur daß wir heutzutage vor anderen Dingen Angst haben. Wir fürchten uns vor Arbeitslosigkeit, vor dem Altwerden, vor Mittellosigkeit, vor dem Leistungsdruck und davor, daß uns

Ängste gibt es seit Menschengedenken

Das ganze Leben hindurch begleiten uns Ängste.

9

unsere Mitmenschen womöglich nicht anerkennen oder uns nicht mögen.

Unser Zusammenleben in der Gesellschaft ist so komplex geworden, daß immer neue Herausforderungen an uns Menschen herangetragen werden. Während es vor 150 Jahren noch feste Traditionen gab, die bestimmten, welchen Platz jeder einzelne in der Gesellschaft und in der Familie einzunehmen hatte, muß heute jeder (fast) alles können. Ein Sohn kann heute nicht mehr damit rechnen, in die beruflichen Fußstapfen des Vaters zu treten, denn bis er herangewachsen ist, gibt es den Beruf des Vaters vielleicht gar nicht mehr. Wer studiert hat, kann heute keineswegs mehr damit rechnen, in seinem Fachgebiet auch eine Anstellung zu bekommen. Mütter müssen jetzt Kinder großziehen und zugleich arbeiten gehen, während von Männern zunehmend erwartet wird, daß sie einen Beitrag zur Hausarbeit und zur Kindererziehung leisten.

All diese Veränderungen üben natürlich großen Druck auf uns aus, und wo Druck ist, kann leicht Angst entstehen.

(Leistungs-) Druck erzeugt Angst

Logische und irrationale Ängste

Vergleichen wir doch einmal die beiden folgenden Fallbeispiele:

Fallbeispiel

Der gefährliche Hund

Herr Schweitzer (54) hatte vor einigen Wochen ein böses Erlebnis. Er war auf dem Nachhauseweg von der Arbeit wie üblich an den Schrebergärten seiner Siedlung vorbeigegangen, als er sich plötzlich einem Schäferhund ge-

genübersah, der ihn böse anbellte. Der Eigentümer des Tieres war nirgends zu sehen, und Herr Schweitzer wagte nicht, sich zu bewegen, aus Angst, der Hund könne ihn angreifen. »Mir brach der kalte Schweiß aus«, erzählte er später seiner Frau. »Ich wußte einfach nicht, was ich machen sollte.« Glücklicherweise erschien nach einigen Minuten ein junger Mann, der den Hund an die Leine nahm und wegführte. »Mir haben die Knie noch den ganzen Weg nach Hause gezittert. Das war ein ganz schöner Schock.«

Vergleichen Sie jetzt einmal das Erlebnis von Herrn Schweitzer mit dem meiner nächsten Klientin.

Die Panikattacke

Fallbeispiel

Frau Gottschalk (35) wurde von ihrem Mann in meine Praxis gebracht und sie berichtete mir folgendes: »Ich habe noch nie Probleme mit Ängsten gehabt. Aber vor zwei Monaten bekam ich plötzlich entsetzliches Herzrasen, als ich das Haus verlassen wollte, um einkaufen zu gehen. Ich fühlte mich sehr unsicher außerhalb meiner Wohnung und wäre am liebsten wieder umgekehrt und ins Haus zurückgerannt. Seither ist es immer schlimmer geworden. Ich habe geradezu panische Angst, meine eigenen vier Wände zu verlassen, und wage mich nur noch in Begleitung meines Mannes oder meiner Tochter aus dem Haus.« Auf meine Frage, wovor sie sich denn fürchte, konnte Frau Gottschalk keine Antwort geben. »Wenn ich das nur selber wüßte! Ich komme mir vor, als wäre ich nicht mehr ganz normal.«

Angst, das Haus zu verlassen

Für die meisten Menschen ist die Angst vor einem aggressiven Hund leicht nachvollziehbar. Wir alle können es gut verstehen, wenn jemandem ein wild kläffender, großer Hund Angst einjagt, und unsere Sympathien sind daher ganz auf der Seite des Opfers. Es gäbe wohl kaum jemanden, der solch eine Situation ohne Angst durchstehen würde, und daher betrachten wir diese Art Angst als »normal« und daher logisch.

Ganz anders dagegen im Fall von Frau Gottschalk. Da wir fast alle völlig problemlos aus dem Haus gehen können, erscheint uns die Angst von Frau Gottschalk ein wenig lächerlich, denn sie weiß ja noch nicht einmal, wovor sie eigentlich Angst hat. Entsprechend lauten dann auch die Kommentare, die Frau Gottschalk von Verwandten und Bekannten zu hören bekommt. »Jetzt reiß dich doch zusammen!« oder: »Was ist nur mit dir los? So schlimm kann das doch gar nicht sein!« Keine dieser Bemerkungen hilft auch nur im geringsten, denn Frau Gottschalk leidet an einer irrationalen Angst, und zwar an einer Phobie. Da ist mit Sich-Zusammenreißen nichts auszurichten.

Obwohl eine irrationale Angst tatsächlich nur in der Vorstellung des Betroffenen existiert, ist sie deswegen nicht weniger furchteinflößend, im Gegenteil. Phobiker haben oft das Gefühl, nicht ganz normal zu sein, denn sie können auf der logischen Ebene selbst erkennen, daß ihre Angst unsinnig ist. Trotzdem hilft ihnen diese Einsicht nicht, ihre Angst zu überwinden.

Sowohl bei logischen als auch bei irrationalen Ängsten kann nach dem ersten Auftreten der Angst eine Art Kettenreaktion erfolgen: Weil man in einer bestimmten Situation ein Angsterlebnis hatte, meidet man diese und ähnliche Situationen noch eine Weile. Herr Schweitzer ging noch ein paar Wochen lang allen größeren Hunden aus dem Weg, und Frau Gottschalk begann, alle unnöti-

Unverständnis

Das Gefühl, nicht normal zu sein

gen Gänge aus dem Haus zu vermeiden. Das sind typische und sehr verständliche Reaktionen, die dem Selbstschutz dienen.

In den meisten Fällen klingt der anfängliche Schock bald wieder ab, so daß sich der Betroffene wieder unbeschwert und frei bewegen kann. Doch in einigen Fällen kann sich die Lage auch verschlimmern. Der Betroffene entwickelt eine Angst vor der Angst und engt sich durch seine Vermeidungshaltung immer weiter ein, so daß schließlich sein Leben von seiner Angst bestimmt wird. Glücklicherweise gibt es aber Techniken und Therapien, die dem Betroffenen helfen können, aus dieser Sackgasse wieder herauszufinden.

Eine Therapie kann helfen

Vorsicht ist besser als Angst

Obwohl niemand gerne Angst hat, hat eine milde Form der Angst, nämlich die Vorsicht, einen positiven Nutzen. Stellen Sie sich einmal vor, wie es wäre, wenn wir *überhaupt* keine Angst hätten: Wir würden wahrscheinlich keine drei Tage lebend überstehen, es sei denn, wir wohnten als Einsiedler auf dem flachen Lande. Wenn wir dagegen in der Stadt einfach auf die Fahrbahn liefen, im Zoo ganz ungeniert die Hand in den Löwenkäfig streckten oder mit dem Feuerzeug nachsähen, ob noch genug Benzin im Tank ist, dann wären unsere Tage schnell gezählt. Da ist dann ein gewisser Respekt vor der Außenwelt wesentlich gesünder als eine sorglose Einstellung.

Vorsicht ist lebenswichtig

Aus diesem Grund bringen wir auch unseren Kindern Vorsicht bei, denn wir wollen sie vor körperlichem Schaden schützen: »Nicht an die Ofentür gehen, die ist heiß!« oder: »Renn nicht so schnell, sonst fällst du hin und tust dir weh!« Dieser ganz natürliche Drang, unseren Nachwuchs zu schützen, ist auch vollkommen gerechtfertigt. Und solange wir nicht gluckenhaft jede Bewegung unserer Kinder kontrollieren, erreichen wir auch allmählich (»Wie oft muß ich dir das denn noch sagen...?«) unser Ziel, nämlich unseren Kindern beizubringen, sich sicher in ihrer Umwelt zu bewegen.

Hierbei muß aber klar zwischen Vorsicht und Angst unterschieden werden. Wem als Kind beigebracht wurde, vor der Umwelt *Angst* zu haben, der entwickelt sich eher zu einem unsicheren Erwachsenen als zu einem widerstandsfähigen und selbstbewußten Menschen. Angst sät Zweifel, und Zweifel führen zu unentschlossenem und darum oft gefährlichem Handeln. So sind beispielsweise ängstliche Autofahrer oft ein größeres Verkehrsrisiko als Draufgänger, denn durch ihren zaudernden Fahrstil (»Ach, vielleicht doch lieber hier nicht links abbiegen...«) und ihre unberechenbaren, unentschlossenen Manöver verwirren sie alle anderen Verkehrsteilnehmer, so daß am Ende leicht ein Unfall passiert.

Vorsicht ist
nicht Angst

Wer dagegen *vorsichtig* ist, kommt im Leben besser zurecht. »Vorsicht« bedeutet in diesem Zusammenhang, sich der eventuellen Gefahren einer Situation bewußt zu sein und sein Verhalten entsprechend zu steuern. »Vorsicht« bedeutet jedoch nicht, sich seelisch und geistig ausschließlich auf die potentiellen Gefahren der Situation zu konzentrieren, denn dann bekäme man Angst.

Sehr vieles hängt dabei von der Erziehung ab. Früher wurde Kindern neues Wissen eingebläut, im wahrsten Sinne des Wortes. Wer nicht parierte, wer langsam von Begriff war oder aus sonst einem Grund aus der Reihe tanzte, wurde geschlagen. Das passierte nicht nur in der

Schule, sondern auch zu Hause. Aus diesen groben Erziehungsmethoden erwuchs eine Menge Angst, nicht nur vor Autoritätspersonen, sondern auch vor zukünftigen Gelegenheiten, bei denen Leistung erbracht werden sollte.

Heutzutage sind wir mit dem Schlagen wesentlich zurückhaltender, dafür bedienen wir uns aber anderer und zum Teil nicht weniger »durchschlagender« Methoden, um unseren Kindern Respekt und korrektes Verhalten beizubringen. Besonders Eltern, die früher als Kinder ebenfalls nicht mit Respekt behandelt wurden, tun sich oft schwer, ihren Kindern Geduld und Verständnis entgegenzubringen. Entsprechend werden dann verächtliche Bemerkungen, Drohungen oder ständige Kritik bei der Kindererziehung eingesetzt.

Verletzende Kritik ist die moderne Form des Schlagens

Diese Methoden mögen zwar immer noch besser als Schläge sein, führen aber zu den gleichen seelischen Verunsicherungen – statt in Ruhe Neues zu lernen, lernen die Kinder, Angst zu haben. Wer aber Angst hat, lernt schlechter, weil er nervös ist; wer nervös ist, macht leichter Fehler; und wer viele Fehler macht, wird kritisiert, ausgeschimpft, geschlagen oder lächerlich gemacht. Das Resultat: Das Kind wird systematisch zum Versager erzogen, der sich selber für seine vermeintliche Dummheit verachtet und deswegen später seine Frustrationen eventuell wiederum an seinen eigenen Kindern ausläßt. »Es hat mir als Kind auch nie geschadet, geschlagen zu werden«, sagt der Vater, der seine Kinder schlägt...

Kettenreaktion

Um Kindern eine gesunde Vorsicht beizubringen, müssen wir erklären statt zu kritisieren und ermutigen, statt lächerlich zu machen. Je größer das Vertrauen eines Kindes in seine eigenen Fähigkeiten ist, um so besser wird

*Wir müssen
unsere Kinder
ermutigen.*

Kindheit und
Erwachsenen-
alter

es schwierige Lebenssituationen meistern und desto widerstandsfähiger wird es in belastenden Lebenssituationen sein. Angst blockiert Selbstentfaltung und persönliche Weiterentwicklung. Dagegen macht Vorsicht in gefährlichen Situationen und Respekt vor den eigenen Bedürfnissen und denen der Mitmenschen einen Menschen zum lebenstüchtigen Erwachsenen.

Ursachen der Angst

Jede Angst hat einen Ursprung, auch wenn wir uns dieses Ursprungs zum gegenwärtigen Zeitpunkt nicht unbedingt bewußt sind. Angst kann einem gewissen Persönlichkeitstypus, gepaart mit einem einzelnen oder einer Reihe traumatischer Ereignisse in der Kindheit oder im Erwachsenenalter, entspringen. Weitere Entstehungsquellen für Ängste stecken zum Beispiel auch in gegenwärtigen unbefriedigenden Beziehungen, sei es mit Familienmitgliedern, dem Partner oder Kollegen bei der Arbeit.

Damit soll nicht gesagt werden, daß Sie, nur weil Sie letzte Woche eine Auseinandersetzung mit Ihrem Chef hatten, demnächst eine Phobie oder Panikattacken entwickeln werden. Ich spreche hier vielmehr über unerträgliche Situationen, in denen Sie über lange Zeit feststecken – entweder, weil Sie sich nicht lösen können, oder weil Sie sich aus irgendeinem Grund nicht lösen *wollen*. Wer zu lange Zeit in unerträglichen Beziehungen verbleibt, gefährdet sein eigenes seelisches Wohlergehen. Es gibt nun mal leider Menschen, die im wahrsten Sinne des Wortes »Gift« für uns sind. Und wenn es beispielsweise unmöglich ist, diese Person zu respektvollerem Verhalten zu überreden, dann müssen wir uns aus dem Wirkungsbereich dieses Menschen entfernen. Tun wir das nicht, können wir seelischen Schaden nehmen und Ängste entwickeln, die für uns ganz untypisch sind.

Schauen wir uns aber jetzt die einzelnen Ursachen für Angst genauer an.

Trennungen sind manchmal unumgänglich

Persönlichkeit

Genau so, wie jeder von uns als Mensch einzigartig ist, so hat auch jeder seinen ganz individuellen Anteil an Mut, der ihm bei der Geburt schon mitgegeben ist. Wir unterscheiden uns nicht nur im Aussehen von unseren Geschwistern und Mitmenschen, sondern auch in unserem Verhalten und unseren Reaktionen auf die Umwelt. Dabei entpuppen sich schon manche Kleinkinder als draufgängerischer, entschlossener und unerschrockener als andere, die eher ängstlich und weinerlich veranlagt sind.

Je nachdem, wie die Umwelt jetzt auf unsere forsche oder schüchterne Natur reagiert, entwickeln wir uns dann weiter zu selbstbewußten oder zu hilflosen Erwachsenen. So hat auch derjenige, der mit einer eher ängstlichen Natur geboren wurde, durchaus gute Chancen, sich zu einem selbstbewußten Erwachsenen zu entwickeln, vorausgesetzt, er wird zu Hause oder auch später im Leben gefördert und ermutigt.

Überprüfen Sie doch einmal mit dem folgenden Test, zu welchem Persönlichkeitstyp Sie gehören.

Nachhaltig geprägt werden wir erst durch die Erziehung

Wie ängstlich sind Sie?

Beantworten Sie die folgenden Fragen mit Ja oder Nein und geben Sie sich jeweils 1 Punkt für jedes Ja und 0 Punkte für jedes Nein.

1. Bringt Sie auch nett vorgebrachte Kritik völlig aus der Fassung?
2. Fühlen Sie sich oft ängstlich, ohne dafür einen rationalen Grund angeben zu können?
3. Fällt es Ihnen schwer, sich über Unzulänglichkeiten zu beschweren, z.B. über schlechte Bedienung im Restaurant, fehlerhafte Ware, rüdes Benehmen etc.?

Fällt es Ihnen schwer, »nein« zu sagen?

4. Ist es Ihnen unmöglich, anderen etwas abzuschlagen, auch wenn es Ihnen wirklich überhaupt nicht paßt, dem anderen den Gefallen zu tun?
5. Fühlen Sie sich gezwungen, auch Leute anzulächeln, die Sie überhaupt nicht mögen?
6. Stellen Sie Ihre eigenen Bedürfnisse grundsätzlich hinten an, wenn Sie mit anderen zusammen sind?
7. Haben Sie oft das Gefühl, machtlos zu sein?
8. Fühlen Sie sich schuldig, wenn Sie nicht arbeiten?
9. Sind Sie ein Perfektionist, der sich leicht in Nebensächlichkeiten verzettelt?
10. Sind Sie oft deprimiert?
11. Haben Sie oft das Gefühl, von anderen ausgenutzt zu werden?
12. Machen Sie sich oft Sorgen, was wohl andere von Ihnen denken?
13. Verdirbt Ihnen schon ein kleines Mißgeschick tagelang die Laune?
14. Halten Sie sich selber für inkompetent in Beruf und Privatleben?
15. Wenn Ihnen jemand ein Kompliment macht, weisen Sie es innerlich spontan als unehrlich zurück?

16. Sind Sie der Überzeugung, daß andere Leute alle viel klüger sind als Sie?

17. Wenn Ihnen einmal etwas schiefgegangen ist, machen Sie sich dann noch wochenlang innerlich Vorwürfe?

18. Ist es Ihnen noch immer peinlich, wenn Sie an Fehler denken, die Sie vor vielen Jahren gemacht haben?

19. Sind Sie nervös, wenn Sie irgendwohin zu Besuch gehen, auch wenn es sich um gute Freunde von Ihnen handelt?

20. Vermeiden Sie gewisse Situationen im Leben, weil Sie Angst vor ihnen haben?

21. Machen Sie sich ständig Sorgen über alles und jedes?

22. Fühlen Sie sich nur wohl, wenn Sie alles für andere tun?

0 Punkte	Sie blättern wahrscheinlich nur aus Interesse in diesem Buch, denn mit Angst haben Sie keine Probleme.
1–6 Punkte	Sie haben zwar mit einigen Lebensbereichen Schwierigkeiten, aber Ihre Angst hält sich in Grenzen. Sie sollten mit den Übungen in diesem Buch relativ einfach gute Erfolge erzielen.
7–12 Punkte	Ihre Ängste fangen langsam an, etwas aus der Kontrolle zu geraten. Nehmen Sie sie beim Wickel, bevor sie anfangen, überhandzunehmen. Konzentrieren Sie sich zunächst auf die Entspannungsübungen auf S. 63 und 69.
13–17 Punkte	Sie haben größere Schwierigkeiten mit Ihren Ängsten und haben das Gefühl, die

Auswertung

Entspannungs-
übungen helfen

19

Kontrolle verloren zu haben. Erstellen Sie sich mit Hilfe dieses Buches ein Trainingsprogramm und arbeiten Sie konsequent an Ihren Problemen.

18–22 Punkte   Ihre Ängste regieren Ihr Leben. Sie sollten neben den Übungen in diesem Buch noch therapeutische Hilfe in Anspruch nehmen.

Kindheit

Wir haben schon im vorigen Kapitel gesehen, wie Angst und mangelndes Selbstbewußtsein von einer Generation zur nächsten weitergegeben werden kann. Oft wird diese Kettenreaktion erst dann unterbrochen, wenn sich einer der Beteiligten einer Therapie unterzieht und auf diese Weise seine Ängste verliert, so daß er sie nicht mehr auf seine Kinder abzuwälzen braucht.

Das Zuhause – das ist die Welt des Kindes

Angst ist ansteckend, und wenn ein Elternteil oder sogar beide an Ängsten leiden, dann übertragen sich diese Ängste nur allzuleicht auf die Kinder. Für kleine Kinder ist ihr Zuhause die Welt. Alles, was zu Hause passiert, wie sich die Eltern benehmen, wie sie reagieren, was sie vom Kind erwarten und wie sie mit auftretenden Schwierigkeiten umgehen, hat einen Einfluß auf das Selbstbild des Kindes. Ist das Kind sowieso schon schüchtern, dann kann es völlig verängstigt werden, wenn die Eltern auf seine Schüchternheit negativ reagieren, indem sie das Kind entweder in Watte packen oder es für seine Schüchternheit ausschimpfen oder es lächerlich machen.

Ein Kind, das gar nichts darf, mag zwar im Augenblick in Sicherheit sein, wird aber auf lange Sicht eher verunsichert und streßgefährdet aufwachsen. Eltern können nicht immer auf das Kind aufpassen, und darum ist es wichtig, das Kind im Rahmen der Erziehung lebenstüchtig zu machen. Dazu müssen aber auch die Eltern lebenstüchtig sein, denn man kann nur weitergeben, was man selber gelernt hat.

Genauso unproduktiv ist es, ein schüchternes Kind auszuschimpfen. Es ist ja nicht schüchtern, um die Eltern zu ärgern. Statt Strafe braucht das Kind Ermutigung, und manche Eltern machen das sehr geschickt. Statt das Kind zu etwas zu zwingen, machen sie ihm die beängstigende Situation auf andere Weise schmackhaft, indem sie das Kind allmählich an die Situation heranführen und ihm soviel wie möglich erklären. Auf diese Weise wird das Selbstbewußtsein des Kindes gefördert, so daß es allmählich seine Ängstlichkeit überwinden kann.

Schüchternheit

Genauso, wie ein schüchternes Kind durch Ermutigung größeres Selbstvertrauen gewinnt, kann ein selbstbewußtes Kind durch falsche Behandlung verunsichert werden. Wenn seine Lebhaftigkeit von den Eltern beispielsweise als Makel angesehen und entsprechend bestraft wird, dann lernt das Kind schnell zu glauben, daß mit ihm etwas nicht stimmt. Es fühlt sich dann jedes Mal schuldig, wenn seine Lebhaftigkeit wieder mal mit ihm durchgegangen ist, denn es hat ja gelernt, daß Lebhaftigkeit »falsch« ist. Aus Trotz wird das Kind dann bockig, oder es versucht, sich dem gewünschten Ideal anzupassen und »anders« zu werden. Es wird stiller, zieht sich mehr in sich zurück und traut sich schon bald nichts mehr, weil es sonst ausgeschimpft wird. Allmählich verliert es dann die Lust am Ausprobieren neuer Dinge, verliert dadurch langsam seine Initiative und seinen Wagemut und fühlt sich frustriert.

Trotz

Ich zeichne hier natürlich Extremfälle auf; in den meisten Familien ist die Atmosphäre etwas ausgewogener. Sollte das aber in Ihrer Kindheit nicht der Fall gewesen sein, dann lassen Sie bitte den Kopf nicht hängen. Was in der Vergangenheit schiefgegangen ist, können Sie durchaus wieder ausbügeln. Mit etwas Geduld, mit Einsatzbereitschaft und, wenn alle Stricke reißen, mit einem guten Therapeuten können Sie die Kontrolle über Ihr Leben wiedergewinnen. Das bedeutet zwar erst einmal harte Arbeit, aber am Schluß merken Sie, daß es sich gelohnt hat. Es gibt im Leben so viel Schönes, daß es ein Jammer wäre, es nicht zu erleben, nur weil einem die Angst den Spaß verdirbt!

Problematische Beziehungen

Es sind nicht immer unsere Eltern

Wir haben uns nun schon mit dem Einfluß der Eltern auf das Angstempfinden der Kinder beschäftigt, aber auch später im Leben können andere Menschen dazu beitragen, daß wir Angst entwickeln. Oft sind wir uns dessen gar nicht bewußt. Es ist uns zwar klar, daß wir uns in Gegenwart eines bestimmten Menschen unwohl fühlen, können das aber oft nicht mit unseren Angstzuständen in Verbindung bringen.

Fallbeispiel

Negatives am Telefon

Frau Zander (30) graute es vor der Mittagszeit, denn fast täglich um 12 Uhr schellte das Telefon. Ihre Schwiegermutter hatte sich zur Angewohnheit gemacht, sie um diese Zeit in lange Gespräche zu verwickeln. Obwohl die Unterhaltung immer ganz freundlich anfing, glitt sie doch bald ins Negative ab. Die Schwiegermutter berichtete haarklein, was die rücksichtslose Nachbarin wieder gesagt oder getan hatte, wie man sie in der Fleischerei schlecht bedient hatte und daß die Nachbarskinder wieder so einen Heidenlärm im Garten gemacht hätten. Diese Litanei zog sich manchmal eine Stunde lang hin, meistens ohne Punkt und Komma.

Zuerst hatte sich Frau Zander auch alles brav angehört, doch nach einer Weile ging es ihr auf die Nerven. Sie wußte allerdings nicht, wie sie die zermürbenden Monologe der Schwiegermutter

Sogar das Telefonieren kann zum Alptraum werden.

abstellen sollte, ohne sich ihren Zorn zuzuziehen. Gleichzeitig ärgerte es sie, daß sich die Schwiegermutter kaum jemals nach ihrem Ergehen erkundigte. Frau Zander bemerkte, wie sie schon morgens nervös aufwachte und sich auch noch nach dem Gespräch mit der Schwiegermutter stundenlang aufgebracht und lustlos fühlte. Ihr Mann, dem sie von ihrem Dilemma erzählte, gab ihr zu verstehen, daß er sie für ein bißchen »überkandidelt« halte, weil sie sich über diese Anrufe so aufregte.

Frau Zander schluckte ihren Ärger also weiter runter, bis ihr bewußt wurde, daß sie eigentlich den ganzen Tag über Angst hatte und nervös war, auch wenn die Schwiegermutter einmal nicht anrief. Nachts plagten sie Alpträume und tagsüber hatte sie oft zwanghafte Gedanken, zum Beispiel, daß sie sich selber mit einem Messer verletzen könnte. Entsprechend bekam sie jedes Mal Angstzustände, wenn sie ein Messer aus der Schublade nahm.

Sie berichtete in ihrer ersten Sitzung, daß sie das Gefühl habe, verrückt zu sein.

Alpträume

Was war hier passiert? Die zwanghaften Gedanken schienen in keinem Zusammenhang mit dem Ärgernis der Telefonanrufe zu stehen, und doch gibt es zwischen den beiden Geschehnissen eine Verbindung. Was zunächst nur ein Ärgernis ist, wird durch ständige Wiederholung zur seelischen Belastung. Frau Zander hat leider auch das Pech, von ihrem Mann kein Verständnis und dadurch keinerlei Unterstützung zu erfahren, ganz im Gegenteil – er erklärt sie für überempfindlich, obwohl er sich selber standhaft weigert, ans Telefon zu gehen, wenn seine Mutter am Wochenende anruft!

Schlucken Sie Ihren Ärger nicht herunter

Frau Zanders Selbstvertrauen ist sowieso nicht besonders groß, und die Kritik ihres Mannes scheint ihr zu bestätigen, daß sie eine schwache Persönlichkeit ist. Also reißt sie sich so gut es geht zusammen und läßt weitere Monologe der Schwiegermutter über sich ergehen. Durch dieses ständige Herunterschlucken ihrer Verärgerung stauen sich aber innerlich Emotionen auf, die sich nachts in Alpträumen äußern und tagsüber in zwanghaften Gedanken.

Genau wie die Alpträume haben auch die Gedanken tagsüber sehr oft Aggression zum Thema, nur daß sich Frau Zanders gedankliche Aggression gegen sie selbst richtet. »Wenn ich ein Messer sehe, dann spüre ich geradezu einen Drang, mir das Messer in den Arm zu rammen.« Gleichzeitig will sie aber auf keinen Fall, daß dies passiert, daher meidet sie Messer, vor allem scharfe Küchenmesser.

Die gegen sich selbst gerichteten Aggressionen sind ein Ausdruck unterdrückter Wut und mangelnden Selbstvertrauens. Während ihrer Therapie lernte Frau Zander, wo die Wut wirklich hingehörte, nämlich gegen die ewig nörgelnde Schwiegermutter und den verständnislosen Ehemann. Mit wachsendem Selbstvertrauen gelang es Frau

Zander nach einer Weile, ihrer Schwiegermutter nett, aber deutlich klarzumachen, daß sie sich negatives Gerede nicht mehr anhören wolle. Die Schwiegermutter war zunächst sehr beleidigt, beruhigte sich dann allerdings. Ihre täglichen Telefonanrufe stellte sie ein, sehr zur Erleichterung von Frau Zander. Frau Zander sprach sich auch mit ihrem Mann aus, der schließlich zugab, sich auch nie getraut zu haben, dem Redefluß seiner Mutter Einhalt zu gebieten. – Frau Zanders Angstträume und zwanghafte Gedanken verschwanden, nachdem sie mit der Schwiegermutter gesprochen hatte.

Auch am Arbeitsplatz können Angstprobleme auftauchen, wenn Beziehungen zu Arbeitskollegen oder dem Chef nicht stimmen.

Der schwierige Chef

Fallbeispiel

Jürgen (22) hatte nach der Ausbildung seine erste Stelle angetreten, die beim Vorstellungsgespräch sehr interessant geklungen hatte. Die Arbeit an sich gefiel Jürgen auch sehr gut, nur mit dem Chef hatte er Schwierigkeiten. »Beim Vorstellungsgespräch war er eigentlich ganz nett,« erzählte er, »aber als ich dann in der Firma anfing, wollte er ständig alles kontrollieren. Wenn ich am Telefon mit einem Kunden sprach, stellte er sich neben mich und hörte zu, und wenn er nicht beim Gespräch dabei war, wollte er hinterher alles haarklein wissen. Einmal, als ich am Kopierer stand, hatte er sogar den Nerv, mir vorschreiben zu wollen, wie ich das Papier in den Kopierer einzuschieben hätte!«

Ständige
Bevormundung

Am Anfang nahm Jürgen diese ständige Bevormundung schweigend hin, denn er wollte nicht gleich zu Anfang seines Arbeitsverhältnisses durch Beschwerden auffallen. »Das ging vier Monate lang so. Morgens war mir immer schon ein bißchen schlecht, weil ich Angst hatte, daß mich mein Chef wieder kritisieren und kontrollieren würde. Wenn ich ihn sah, bekam ich Magenkrämpfe, meine Hände fingen an zu zittern und ich konnte mich nur noch schlecht konzentrieren. Entsprechend schlecht war meine Leistung, so daß mein Chef jetzt wirklich Grund hatte, mich zu tadeln. Als mich meine Freundin dann darauf hinwies, daß ich wesentlich mehr trank als früher, habe ich mir ein Herz gefaßt und mit meinem Chef gesprochen. Er war wenig zugänglich, und ich beschloß schließlich zu kündigen. Später erfuhr ich, daß meine beiden Vorgänger auch nach kurzer Zeit wieder gegangen waren.«

Jürgen fand eine neue Stelle mit einem netten Chef und hat seitdem keine Angstprobleme mehr.

Ändern Sie etwas, bevor Sie dauerhaft leiden

Mit manchen Menschen ist es unmöglich, in Frieden auszukommen, und dann kann manchmal die einzige Lösung darin bestehen, sich ihnen zu entziehen. Ist das Stellenangebot mager, dann zögert so mancher Angestellte, zu kündigen, aber letztlich bezahlt man einen zu hohen Preis, wenn man sich dauerhaft einer unhaltbaren Lage oder Beziehung aussetzt. Wenn körperliche oder seelische Schäden drohen, muß etwas unternommen werden, um die Lage zu ändern. Entweder eignet man sich mehr Selbstvertrauen an, um sich besser behaupten zu können, oder man sucht sich einen anderen Wirkungskreis.

Traumatische Erlebnisse

Manchmal kann uns etwas im Leben passieren, das eine seelische Narbe hinterläßt, und diese Narbe kann sich als Angst ausdrücken.

Angst vor dem Fliegen

Frau Kurz (30) war eigentlich immer eine begeisterte Fliegerin gewesen. Sie flog zweimal im Jahr in den Urlaub und war auch geschäftlich des öfteren mit dem Flugzeug unterwegs. Das änderte sich schlagartig, als sie bei einem Flug sehr schlechtes Wetter hatte und die Maschine immer wieder in Luftlöcher absackte, so daß die Fluggäste fast eine halbe Stunde lang durchgeschüttelt wurden. Auf dem Rückflug war Frau Kurz sehr nervös, aber es gelang ihr, ihre Angst mit einem Glas Weinbrand unter Kontrolle zu halten. Als sie jedoch kurze Zeit später wieder fliegen sollte, verließ sie ihr Mut. Sie konnte kein Flugzeug mehr besteigen. Sie beschloß daher, zu mir in Behandlung zu kommen.

Alkohol hilft nicht

Sicherlich kennen Sie ähnliche Situationen. Sie haben vielleicht einen Verkehrsunfall gehabt oder man hat auf der Straße versucht, Ihnen die Handtasche zu entreißen. Entsprechend vorsichtig oder ängstlich verhalten Sie sich dann nach dem traumatischen Erlebnis: Sie fahren langsamer als vorher, und Sie beobachten genau, wer an Ihnen vorbeigeht und halten Ihre Handtasche stets besonders fest unter den Arm geklemmt.

Traumatische Erlebnisse können aber auch ganz anderer Art sein. In der folgenden Liste habe ich einmal aufgeführt, welche Ereignisse einen Schockeffekt auf die Psyche ausüben können, so daß der Betroffene anschließend mit Angstproblemen zu kämpfen hat.

Schocks für die Psyche

■ Den Arbeitsplatz verlieren
Auf einmal ist die Grundlage des Lebensunterhaltes entzogen und man verliert seine Rolle in der Gesellschaft und in der Familie.

▬ Schwer krank werden

Eine schwere Krankheit stellt eine noch fundamentalere Gefährdung der Existenz dar als der Verlust des Arbeitsplatzes, da man jetzt noch nicht einmal in der Lage ist, nach einer anderen Arbeit zu suchen.

▬ In Geldnot geraten

Die Existenz ist gefährdet und damit auch die soziale Stellung. In der Familie kann es dadurch zu großen Spannungen und Streit kommen.

▬ Krankheit oder Tod eines nahen Verwandten oder Freundes

Traumatische Ereignisse

Diese Situationen können zur großen seelischen Belastung für alle Beteiligten werden, vor allem, wenn sich die Krankheit des Verwandten/Freundes über lange Zeit hinzieht.

▬ Sexuell belästigt oder vergewaltigt werden

Eines der traumatischsten Ereignisse überhaupt, das größte seelische Schäden hinterlassen kann.

▬ Tätlich angegriffen werden

Je nachdem, wie gewalttätig der Angriff war, kann dieses Erlebnis genau so traumatisch sein wie eine Vergewaltigung.

▬ Häufig verbal angegriffen werden

Das Selbstwertgefühl wird durch die häufigen Beschimpfungen stark untergraben.

▬ Plötzlich vom Partner verlassen werden

Eine sehr traumatische Erfahrung, vor allem, wenn nichts auf eine Zerrüttung der Beziehung hingedeutet hat. Wenn dabei Kinder involviert sind, macht das die Sache noch schlimmer.

■ Scheidung vom Partner
Auch die erwartete Auflösung einer Beziehung ist traumatisch, vor allem, wenn man als Kind die Scheidung der Eltern miterlebt.

■ In einer wichtigen Prüfung versagen
Besonders wenn von seiten der Eltern ein großer Leistungsdruck besteht, kann eine verpatzte Prüfung zum seelischen Mühlstein werden.

Diese Liste ist keineswegs vollständig; sie soll Ihnen lediglich als Anhaltspunkt dienen. Ist Ihnen selber im Leben einmal Ähnliches passiert?

Aber selbst wesentlich harmlosere Ereignisse können von uns als Belastung empfunden werden und daher Ängste auslösen. Hier eine Liste positiver Ereignisse, die wir oft als furchteinflößend empfinden:

Auch harmlose Ereignisse machen Angst

■ In den Urlaub fahren
Die Vorbereitungen können viel Zeit und Kraft kosten, genauso wie die Umstellung auf eine neue Umgebung und ein anderes Klima.

■ Familienzuwachs bekommen
Besonders wenn es das erste Baby ist, müssen sich Mann und Frau erst einmal an ihre neuen Rollen gewöhnen.

■ Befördert werden
Auch wenn man sich noch so über die Beförderung freut, fühlt man doch oft einen großen Druck auf sich lasten, weil man sich seiner neuen Stelle auch würdig erweisen will.

■ Umziehen

Ähnlich wie beim Urlaub bringt ein Umzug auch viel Arbeit und Unsicherheit mit sich – ob es einem in der neuen Gegend wohl gefällt und ob die Nachbarn wohl nett sind?

Finanzielle Sorgen

■ Eine große Anschaffung machen

Wer sich zum Beispiel ein Haus oder eine Wohnung kauft, hat oft Alpträume, daß er sich finanziell zu viel aufgebürdet hat.

Diese Ereignisse werden oft als beängstigend empfunden, weil sie Umstellungen mit sich bringen, die eine völlige Veränderung der bekannten Lebensroutine beinhalten. Manche Menschen fühlen sich durch diese an sich positiven Ereignisse total aus der Bahn geworfen und geraten bei dem Gedanken an die bevorstehende Veränderung in Panik.

Körperbezogene Angstursachen

Den meisten Menschen ist nicht bekannt, daß Angst auch eine Folgeerscheinung körperlicher Schwäche sein kann, wobei diese Schwäche entweder künstlich herbeigeführt oder eine natürliche Folgeerscheinung von Überarbeitung oder sonstiger körperlicher Überbelastung sein kann.

Angst aus Erschöpfung

Überarbeiten kann man sich auf verschiedene Weise. Die offensichtlichste Art ist schwere körperliche Arbeit. Dabei muß man keineswegs Möbelpacker sein. Auch das Hin- und Herhetzen zwischen Haushalt, Familie und Beruf stellt eine Belastung dar. Selbst jemand, der den ganzen Tag auf dem gleichen Fleck sitzt, aber viel nachdenken muß, um seinen Beruf auszuüben, kann sich nach einer Weile überlastet fühlen. Auch intensives Denken verbraucht Körperenergie, und wenn diese Energie zwischendurch nicht neu aufgetankt wird, indem man Ruhepausen einlegt, dann läuft der Körper sozusagen auf dem letzten Tropfen Benzin und ohne ein Energie-Schutzpolster. Das bedeutet, daß die Nerven gereizt sind, was wiederum Angstzustände begünstigt.

Frauen, die unter dem prämenstruellen Syndrom (PMS) leiden, können ebenfalls ein Lied davon singen, wie körperliche Veränderungen Ängste erzeugen können. Die hormonellen Veränderungen vor der Periode führen mitunter eklatante seelische Symptome herbei, die sich von Stimmungsschwankungen und Angstzuständen bis hin zur Agoraphobie (Platzangst) erstrecken können. Sobald die Menstruation einsetzt, verschwinden die Symptome dann wie von Zauberhand. In besonders krassen Fällen leiden Frauen bis zu zwei Wochen an diesen Symptomen, nur um dann für die nächsten zwei Wochen wieder ganz normal auf ihre Umwelt zu reagieren. Der Ehemann einer Bekannten, die an PMS leidet, sagte einmal, es wäre, als wenn er mit zwei völlig verschiedenen Frauen verheiratet sei…

Angst aufgrund hormoneller Schwankungen

Auch wenn Sie an niedrigem Blutzuckerspiegel leiden, kann das Ängste verursachen. Manche Menschen haben einen sehr schnellen Stoffwechsel, das heißt, sie verbrauchen die durch Essen gewonnenen Kalorien in kürzester Zeit, so daß der Blutzucker zwischen den Mahlzeiten rapide absackt. Dann kann sich der Betroffene körperlich schwach und geistig verwirrt oder ängstlich fühlen, ohne daß ihm klar ist, warum. Sobald er etwas ißt, löst sich der Schwächeanfall auf, so daß diese Angstursache durch häufigere kleine Mahlzeiten leicht zu beheben ist.

Blutzuckerspiegel

Wir können unseren Körper aber auch durch künstliche Aufputschmittel überlasten. Tee, Kaffee und Nikotin sind hier die Hauptsünder. Obwohl sie meist nicht die alleinige Ursache für Angstzustände darstellen, tragen sie doch zur Verschlimmerung der Angst ganz entscheidend bei, und zwar folgendermaßen:

Koffein hat einen stimulierenden Effekt auf den Körper, so daß wir uns aufgeputscht und hellwach fühlen. Wer zu viel Koffein zu sich nimmt (und für manchen sind schon zwei Tassen Kaffee oder Tee am Tag zuviel), fühlt sich dann sehr schnell wie auf Alarmstufe 1, ist überdreht, kann nicht schlafen und wird dann durch die daraus resultierende Erschöpfung ängstlich. Koffein ist in Kaffee, Schwarztee, Kakao und Schokolade enthalten sowie in einigen Medikamenten (z.B. Schmerzmitteln).

Koffein und Nikotin erschöpfen den Körper

Ein genauso starkes Stimulierungsmittel wie Koffein ist Nikotin. Da Rauchen die Blutgefäße verengt, muß das Herz doppelt so kräftig pumpen, um das Blut durch den Körper zu bewegen. Entsprechend größer ist nicht nur das Risiko, Krampfadern zu bekommen, schlecht zu schlafen und Herzbeschwerden zu entwickeln, sondern auch, durch die Überbelastung des Körpers Angstsymptome heraufzubeschwören.

Wenn Sie also sowieso schon Angstprobleme haben, dann tun Sie sich selber einen großen Gefallen und schränken Sie Ihren Koffein- und Nikotinverbrauch radikal ein oder meiden Sie diese Aufputschmittel ganz.

Merkmale der Angst

Woran merken wir eigentlich, daß wir Angst haben? Für die meisten Menschen ist diese Frage leicht zu beantworten, denn wir alle kennen Angstgefühle aus verschiedenen Lebenssituationen, in die wir ab und zu geraten. Wenn wir nervös werden, schlägt unser Herz schneller, und oft spüren wir auch, wie sich unser Magen zusammenzieht. Aber die Auswirkungen der Angst ziehen noch wesentlich weitere Kreise.

Flauer Magen

Körperliche Symptome

Da unsere Gefühle eng mit unseren Körperfunktionen verbunden sind, wirkt sich Angst immer sofort auch auf den Körper aus. Je nach Stärke der Angst reagiert der Körper innerhalb eines Bruchteils einer Sekunde auf die seelischen Warnsignale. Der Körper schaltet automatisch auf Alarmbereitschaft: Das Herz klopft schneller, weil Adrenalin ausgeschüttet wird, Muskeln spannen sich an und der Magen reagiert.

Der Körper reagiert schnell

Ist die Angst nur leicht, sind diese Körpersymptome kaum wahrnehmbar; ist die Angst jedoch groß, dann sind diese körperlichen Symptome so übermächtig, daß sie die Denk- und Handlungsfähigkeit des Menschen beeinträchtigen können.

Hier einige typische körperliche Symptome, die bei Angstzuständen auftreten:

Symptome der Angst

- Schwitzen
- Frieren (nach einem Schockerlebnis)
- Herzklopfen/Herzrasen
- Atemnot
- Schwindelgefühl
- Ohnmachtsgefühl
- Übelkeit
- Magenschmerzen
- Kopfschmerzen
- Zittern

- Kehle ist wie zugeschnürt
- Muskelanspannung
- Durchfall
- Verstopfung
- Reizdarm-Syndrom
- Schlaflosigkeit
- ständige Müdigkeit

Nicht jeder, der unter Angst leidet, wird notwendigerweise auch alle aufgeführten Symptome an sich feststellen. Die meisten Betroffenen leiden aber unter mindestens zwei oder drei der körperlichen Begleiterscheinungen.

Persönliche Schwachstellen

Wie Sie an obiger Liste sehen können, sind einige Symptome ganz gegensätzlich, wie zum Beispiel Durchfall und Verstopfung. Es kommt auf die Veranlagung des einzelnen an. Jeder hat seine persönlichen körperlichen Schwachstellen, die als erstes betroffen sind, wenn Angst entsteht. So kann Frau A., die eher eine Neigung zu losem Stuhl hat, in Angstsituationen zum Durchfall neigen, wohingegen Frau B., deren Verdauung sowieso nicht gerade munter ist, bei Streß an Verstopfung zu leiden beginnt. Überlegen Sie sich doch einmal, wo *Ihre* Schwachstelle liegt...

Die körperlichen Symptome variieren in ihrer Stärke je nach Persönlichkeit des einzelnen und je nach Stärkegrad der Angst. Durch die starke körperliche Belastung, die sich aus häufigen Angstgefühlen heraus ergibt, fühlt sich der Betroffene zum Bcispicl oft permanent müde.

Seelische Symptome

Die Auswirkungen der Angst machen aber nicht beim Körper halt – auch die Psyche ist betroffen, besonders bei starken Ängsten. Ein Mensch, der unter Prüfungsangst leidet,

kann so fleißig lernen, wie er will, und sich noch so gut
vorbereiten: Wenn er in der Prüfung sitzt, klappt es nicht,
weil er aus Angst nicht mehr klar denken kann. Klassische
seelische Symptome sind:

Seelische
Symptome

- Konzentrationsstörungen
- schlechtes Gedächtnis
- schlechtes Orientierungsvermögen
- Panikgefühle
- Unwillen/Unfähigkeit sich zu entscheiden
- zögerndes Verhalten
- Launen
- aggressives Verhalten
- Tränenausbrüche

*Angst ist die
Quelle vieler ne-
gativer Verhal-
tensweisen*

Gereiztheit und schlechte Laune
können also nicht einfach nur
auf bösen Willen zurückgeführt
werden, sondern sind Begleiterscheinungen von Angst. Auch
wer zu Wutausbrüchen neigt,
hat ein Angstproblem. Das mag
manchmal schwer zu glauben
sein, denn es ist der Mensch, der
herumtobt, der den *anderen*
Angst macht.

Trotzdem ist Angst die Quelle
vieler negativer Verhaltenswei-
sen, denn wer Angst hat, leidet
meistens auch an mangelndem Selbstvertrauen. Wenn einem Menschen mit geringem Selbstvertrauen etwas nicht
paßt oder wenn er schlecht behandelt wird, kann er sich
wegen seines fehlenden Selbstwertgefühls nicht verteidi-
gen und »schluckt« daher vieles herunter. Wenn sich die
Frustration aber bis zur Halskrause gestaut hat, kommt ir-

Mangelndes
Selbstvertrauen

gendwann die große Explosion – und hinterher kommen die Schuldgefühle für das unangebrachte Verhalten.

Der Teufelskreis der Angst

Die Angst nährt die Angst

Wenn eine Situation oder Sache erst einmal im Kopf eines Menschen mit Angst in Verbindung gebracht wird, dann kommt es manchmal zu einer negativen Erwartungshaltung. Man hat sich unerwartet erschreckt, und selbst wenn man trotz des Schrecks noch gut mit der Situation fertiggeworden ist, entwickelt man Zweifel, ob man es beim nächsten Mal wieder schafft.

Fallbeispiel

Die unerwartete Rede

Frau Lukowski (38) ist seit mehreren Jahren die rechte Hand ihres Chefs. Wenn er zu Geschäftsbesprechungen geht, bittet er sie oft mitzukommen, um Protokoll zu führen. Frau Lukowski war das nie so ganz recht, weil sie meistens die einzige Frau im Besprechungszimmer ist, aber sie hatte sich bis jetzt immer tapfer gehalten. Obwohl die anderen Teilnehmer ihr gegenüber stets höflich und zuvorkommend sind, hatte Frau Lukowski immer die geheime Befürchtung, man könnte ihr während der Besprechung eine Frage stellen, auf die sie keine Antwort wüßte.

Als sie dann tatsächlich einmal gebeten wurde, eine Sache vor den Kollegen zu erklären, konnte sie das zu ihrem eigenen Erstaunen recht gut. Sie beantwortete die Frage zur Zufriedenheit aller Beteiligten. »Ich glaube, mein Gehirn hat in dem Moment einfach auf Automatik geschaltet. Es kam alles ganz glatt heraus; ich konnte es nicht fassen.«

Und doch machte der Vorfall Frau Lukowski im nachhinein nervös. »Ich denke immer, schön und gut, daß es diesmal geklappt hat, aber was ist, wenn ich nächstes Mal die Antwort *nicht* weiß?«

So wie Frau Lukowski geht es so manchem, der sich unerwartet vor eine ungewöhnliche Situation gestellt sieht. Man bewältigt zwar in dem Moment die Situation meistens deshalb, weil man keine Zeit hatte, nervös zu werden, traut sich die Bewältigung aber kein zweites Mal zu.

Die Angst wird jetzt zum Teufelskreis. Durch die ängstliche Erwartungshaltung baut man innere Spannungen und Widerstände auf, die dann die bereits beschriebenen negativen Auswirkungen auf Körper und Geist haben. Beim nächsten Auftreten der schwierigen Situation ist man viel zu angespannt, um die Sache auf lockere und konstruktive Weise anzugehen. Die dadurch erzeugten Mißerfolge werden dann als Beweis verstanden, daß man der Situation wirklich nicht gewachsen ist (»Wußt' ich's doch!«), dabei hat einzig und allein die eigene negative Erwartungshaltung zu dem unerwünschten Ergebnis geführt.

Darüber hinaus führen die durch Angst hervorgerufenen körperlichen Symptome in vielen Fällen zu einer Verstärkung der Angst. Wer zum Beispiel an Panikattacken leidet, der erlebt eine überstarke Reaktion seines Nervensystems, so daß er meint, in Ohnmacht zu fallen. Dabei rast das Herz, der kalte Schweiß bricht aus und der Betroffene hat das Gefühl, dem Tode nahe zu sein.

Wer einmal Opfer dieses überwältigenden negativen Erlebnisses war, fürchtet sich verständlicherweise vor einer Wiederholung dieses unangenehmen Vorfalls. Daher achtet der Betroffene künftig übertrieben auf seine Atmung

Was ist beim nächsten Mal?

Prophezeiungen, die sich selbst erfüllen

und seinen Herzschlag, um sich so gegen einen erneuten Anfall zu wappnen. Durch das ständige ängstliche Überprüfen der Körperfunktionen und durch die negative Auslegung jedes unregelmäßigen Herzschlages verspannt sich der Betroffene dann so sehr, daß er dadurch der nächsten Panikattacke regelrecht Vorschub leistet.

Angst vor der Angst

Man spricht in solchen Fällen oft von der »Angst vor der Angst«, die zum wahren Teufelskreis werden kann. Dabei ist der Betroffene oft nicht mehr imstande, seine körperlichen Reaktionen realistisch zu interpretieren. Sein Herz schlägt vielleicht schneller, weil er eben erst die Treppe hinaufgestiegen ist – es gibt also keinen Grund zur Besorgnis. Wer aber an Panikattacken leidet, zieht eher eine pessimistische Schlußfolgerung: Er ist überzeugt, daß das Herzklopfen und das schnellere Atmen die nächste Panikattacke ankündigen...

Die verschiedenen Formen der Angst

Wir wollen uns nun mit den Spielarten der Angst beschäftigen. Sie finden zu jeder Kategorie einen Fragebogen, der Ihnen hilft, herauszufinden, ob Sie an dieser bestimmten Angst leiden. Natürlich lassen sich Ängste im wirklichen Leben nicht so glatt voneinander trennen, und Sie stellen vielleicht fest, daß sich einiges überschneidet: Wenn Sie Angst vor anderen Menschen und Angst vor sozialen Situationen haben, dann sind Sie höchstwahrscheinlich zugleich jemand, der sich viele Sorgen macht. Manche haben mehrere Angstprobleme auf einmal – eine Phobie und gleichzeitig Angst vor dem Versagen. Das heißt aber nicht, daß ihnen nur schwer geholfen werden kann. Von Angst kann man sich befreien, und wenn man es alleine nicht schafft, dann gibt es noch immer den Psychologen, der dabei helfen kann!

Die *eine* Angst gibt es nicht

Sich ständig Sorgen machen

Diese Form der Angst mag Ihnen vielleicht sehr unbedeutend erscheinen, besonders wenn man sie mit den in den nächsten Kapiteln beschriebenen Ängsten vergleicht.

Trotzdem können aber Sorgen eine ganz bedeutende Einschränkung der Lebensqualität bedeuten.

Test **Machen Sie sich zu viele Sorgen?**

1. Denken Sie nach einem Gespräch noch tagelang über das Gesagte nach?
2. Haben Sie oft Angst, daß Sie in einem Gespräch etwas Falsches gesagt oder sich auf andere Weise lächerlich gemacht haben?

Rauben Ihnen Sorgen den Schlaf?

3. Haben Sie oft Angst, daß Sie jemanden in einem Gespräch versehentlich beleidigt haben?
4. Wenn Ihr Partner zu spät nach Hause kommt, befürchten Sie dann gleich das Schlimmste? Eventuell trifft das gleiche zu, wenn ein Freund/eine Freundin zu spät zu einer Verabredung kommt?
5. Liegen Sie abends oft schlaflos im Bett und grübeln?
6. Wachen Sie morgens oft mit sorgenvollen Gedanken für den kommenden Tag auf?
7. Lachen Sie selten?
8. Erwarten Sie grundsätzlich, daß sich neue Vorhaben nur schwierig bewerkstelligen lassen?
9. Sagen Ihnen Freunde und Bekannte oft, daß Sie sich zu viel Sorgen machen?
10. Finden Sie selber, daß Ihre Lebensqualität unter Ihrem ständigen Grübeln leidet?

Auswertung Zählen Sie jetzt zusammen, wie oft Sie mit Ja geantwortet haben. Auch wenn Sie nur ein- oder zweimal Ja gesagt haben, sollten Sie an sich arbeiten, und wenn Sie viele Jas gesammelt haben, dann natürlich erst recht.

Grübeln und sich Sorgen machen sind zwar nur leichte Formen der Angst, aber sie können trotzdem den Spaß am Leben verderben. Das ständige Störgeräusch negativer Gedanken und Erwartungen im Hinterkopf ist wie ein gestörter Radioempfang: Man wird ständig durch das Knistern und Zischen abgelenkt und kann die Musik nicht genießen.

Es geht in diesem Kapiel nicht so sehr um Sorgen, die sich auf *tatsächliche* schwerwiegende Probleme beziehen, wie zum Beispiel der Verlust des Arbeitsplatzes oder das Trinkproblem des Ehepartners, sondern vielmehr um das sich ständige Sorgen über das, was gestern passiert ist und das, was morgen passieren könnte. Dieser permanente Zustand des Grübelns wird oft von Selbstvorwürfen begleitet. »Hätte ich nur dies nicht gesagt und getan!«, »Hoffentlich habe ich ihn jetzt nicht beleidigt mit dem, was ich gestern gesagt habe!« und so weiter. Dabei gehen viele Grübler alte Erlebnisse immer wieder durch, fast wie unter einem Zwang, und wenn sie sich erst einmal an einer Erinnerung festgebissen haben, dann lassen sie so schnell nicht wieder los.

Grübeln und Selbstvorwürfe

Ähnlich ist es auch mit dem Grübeln über zukünftige Ereignisse. Man malt sich Schwierigkeiten in den schillernsten Farben aus, bis man sich praktisch selber überzeugt hat, daß das Vorhaben eigentlich gar nicht durchführbar ist. Und wenn dann jemand sagt, »Sei doch nicht so pessimistisch!«, dann fährt man ihn vielleicht an mit den Worten, »Ich bin nicht pessimistisch, nur *realistisch*!« Tatsache ist jedoch, daß man sich mit diesen ständigen Sorgen keinen Gefallen tut. Indem man sich seelisch ausschließlich auf Schwierigkeiten einstellt, macht man sich selber verrückt. Die gedanklichen Katastrophenbilder sind nicht nur unrealistisch, sondern führen auch zu körperlichen und seelischen Verspannungen, die es irgendwann unmöglich machen, in einem tatsächlichen Notfall konstruktiv zu handeln.

Pessimismus macht einen selber verrückt

Aber auch andere Leute haben zu leiden, wenn sich jemand zu viele Sorgen macht, wie in unserem nächsten Beispiel deutlich wird.

Fallbeispiel

»Wenn da bloß nichts passiert ist!«

Frau Ives (43) war verheiratet und Mutter zweier Kinder im Alter von 13 und neun Jahren. Ihr Mann war eher ein ruhiger Typ, den so schnell nichts aus dem Gleichgewicht brachte; Frau Ives dagegen geriet schnell in Panik, wenn nicht alles nach Plan lief. Kam eines der Kinder mehr als zehn Minuten zu spät von der Schule nach Hause, fing sie sofort an, sich Sorgen zu machen und das Schlimmste zu befürchten.

Ihr Mann, der sich auf die Nervosität seiner Frau schon eingestellt hatte, rief immer vom Büro aus an, bevor er losfuhr, so daß sie sich keine Sorgen zu machen brauchte, aber ihre Kinder rebellierten oft. »Der Schulbus ist ja auch nicht immer ganz pünktlich, und dafür können die Kinder ja wirklich nichts«, seufzte Frau Ives, »aber ich mache mir eben solche Sorgen, daß ihnen etwas passiert sein könnte, und darum habe ich dann schlechte Laune und mache ihnen Vorwürfe, wenn sie zur Tür hereinkommen...«

Sorgen, die erlernt wurden

Frau Ives machte es selber keinen Spaß, in Panik zu verfallen, wenn sich ein Familienmitglied verspätete, und darum kam sie zu mir in die Praxis. Es stellte sich heraus, daß Frau Ives ihre Angst von ihrer Mutter »gelernt« hatte. Ihre Mutter war oft sehr nervös, wenn der Vater nicht rechtzeitig nach Hause kam, weil er in seinem Beruf als Sprengstoffexperte oft großen Gefahren ausgesetzt war.

Mit Hilfe von positiven Affirmationen und einer NLP-Technik überarbeiteten wir diese Erfahrungen der Vergangenheit. Heute kann Frau Ives mit Verspätungen sehr viel gelassener umgehen als zuvor, sehr zur Freude ihrer Kinder…

Sich ständig Sorgen zu machen kann eine »abgeguckte« Gewohnheit sein oder eine Begleiterscheinung anderer, tiefer sitzender Ängste. Wenn in Ihrem Falle das Grübeln lediglich eine schlechte Angewohnheit ist, dann können Sie sich mit positiver Visualisierung (s. S. 73), Affirmationen (s. S. 79) und NLP (s. S. 90) sehr gut alleine weiterhelfen. Ist das Grübeln aber eine Begleiterscheinung einer größeren Angst, dann lesen Sie bitte in den folgenden Kapiteln nach, welche Methoden Sie anwenden sollten.

So können Sie
sich helfen

Phobien

Das Wort »Phobie« kommt aus dem Griechischen und bedeutet »panische Angst«. Eine Person, die an einer Phobie leidet, ist also jemand, der unter panischer Angst vor einem bestimmten Objekt oder einer bestimmten Situation leidet.

Phobien sind
krankhafte
Ängste

Viele Menschen ekeln sich vor Spinnen, aber das macht sie noch lange nicht zum Phobiker. Wer imstande ist, eine Spinne mit einem Hilfsmittel aus dem Zimmer zu befördern, der hat keine Phobie, sondern lediglich eine Abneigung gegen Spinnen. Ein Phobiker dagegen könnte sich unmöglich in dem gleichen Zimmer aufhalten wie die Spinne – er würde hysterisch, müßte augenblicklich das Zimmer verlassen und würde es nicht wieder betreten, bis ihm jemand bewiesen hat, daß die Spinne entfernt wurde oder tot ist.

Eine Phobie ist demnach eine irrationale, übermächtige Angst, die der Betroffene nicht mehr kontrollieren kann. Aus diesem Grunde versucht der Phobiker, das Objekt seiner Phobie um jeden Preis zu meiden.

Testen Sie sich selbst, um herauszufinden, ob Sie zu dieser Angstgruppe gehören.

Test **Leiden Sie unter einer Phobie?**

1. Gibt es ein Objekt oder eine Situation, vor der Sie panische Angst haben?
2. Ist Ihnen Ihre panische Angst unverständlich, da niemand anders unter ihr zu leiden scheint?
3. Vermeiden Sie das Objekt oder die Situation um jeden Preis?

*Macht Sie Ihre
Angst hilflos?*

4. Können Sie Ihre Angst nicht abstellen, obwohl Ihnen klar ist, daß sie irrational ist?
5. Haben Sie Angst, daß Sie sterben, in Ohnmacht fallen oder sich verletzen, wenn Sie sich dem gefürchteten Objekt nähern?
6. Haben Sie Angst, daß Sie sich unsterblich blamieren, wenn Sie sich in die gefürchtete Situation begeben?
7. Ist es Ihnen peinlich, daß Sie diese panische Angst haben?
8. Verheimlichen Sie vor anderen, daß Sie dieses Problem haben?
9. Schränkt Ihre Angst Sie im täglichen Leben stark ein?
10. Haben Sie diese Angst schon lange?

Auswertung Wenn Sie die Fragen 1–6 mit Ja beantwortet haben, dann leiden Sie an einer Phobie.

Wenn Sie außerdem zu den Fragen 7 und 8 Ja gesagt haben, kann das ein Hinweis darauf sein, daß Sie Ihr Problem mißverstehen. Es ist wirklich keine Schande, an einer Phobie zu leiden; Sie sind deswegen keineswegs ein

»eingebildeter Kranker«. Viele Menschen machen im Leben eine Phobie durch. Fassen Sie sich ein Herz und vertrauen Sie sich Ihrer Familie oder guten Freunden an, denn andere können Sie nur auf die richtige Art unterstützen, wenn sie wissen, daß Sie Hilfe brauchen.

Öffnen Sie Ihr
Herz!

Wenn Sie zu Fragen 9 und 10 Ja gesagt haben, dann wird es wirklich allerhöchste Zeit, etwas gegen Ihr Problem zu unternehmen, denn Ihre Lebensqualität ist schon zu sehr und zu lange eingeschränkt.

Wir unterscheiden zwischen drei verschiedenen Gruppen von Phobien.

Verschiedene
Phobien

Einfache Phobien

Hierbei hat der Betroffene Angst vor einem klar definierten Objekt, zum Beispiel vor Wasser, Hunden, Katzen, Vögeln, Schlangen, Würmern, Käfern, Blut oder Bazillen, oder er hat Angst vor einer bestimmten Situation wie zum Beispiel Gewitter, Dunkelheit, eingeschlossen zu sein

*Auch Dunkelheit
kann Angst
machen.*

(etwa im Lift), angefaßt zu werden oder den Boden unter den Füßen zu verlieren (Höhenangst).

Pfui Spinne!

Hans-Peter (24) kam sich vor wie ein Weichling. »Männer haben normalerweise keine Angst vor Spinnen, nur Frauen!« meinte er in seiner ersten Sitzung. Er war sportlich, kräftig gebaut und beruflich ein kompetenter junger Mann, der in einem Jahr seine Verlobte heiraten wollte. »Vorher möchte ich aber meine Phobie loswerden,« erzählte er. »Ich möchte später vor meinen eigenen Kindern nicht wie ein Hampelmann dastehen, der sich noch nicht einmal traut, eine Spinne aus dem Zimmer zu entfernen.«

Wer hat Angst vor Spinnen in Balettröckchen?

In seinen Sitzungen lernte Hans-Peter zunächst einmal, sich körperlich und geistig zu entspannen. Danach übte er mit Hilfe von Visualisierungen, sich eine Spinne als lustige Zeichentrickfigur vorzustellen, mit einer roten Zipfelmütze, grünen Gummistiefelchen und einem Balettröckchen.

Als er das mühelos (und mit einem Lächeln auf den Lippen) gelernt hatte, ging es dann weiter mit Fotos von Spinnen und weiteren Mentalübungen, bei denen er sich vorstellte, ganz ruhig zu bleiben, während er sich mit einer Spinne im gleichen Zimmer befand. Schon bald hatte er seine Angst vor kleinen Spinnen überwunden und konnte sie mit Hilfe eines Trinkglases und einer daruntergeschobenen Postkarte nach draußen befördern. Als er das geschafft hatte, legte sich auch bald seine Angst vor größeren Spinnen.

Soziale Phobien

Hierbei fürchtet sich der Betroffene vor Situationen, die sich im Beisein anderer Menschen abspielen. Der Phobiker hat ungeheure Angst, er könne sich durch das, was er tut oder sagt, vor anderen blamieren. Diese Blamage besteht zum Beispiel darin, daß er rot wird, daß ihm bei Tisch schlecht wird oder daß andere seine Angst bemerken und ihn für nicht normal halten. Daher meiden Betroffene öffentliche Einrichtungen wie Restaurants und Kneipen und lassen sich auch nur schwer zur Teilnahme an Feiern oder Partys überreden. Das folgende Beispiel verdeutlicht dieses Verhalten.

Angst vor Blamage

Angst vor dem Rotwerden

Fallbeispiel

»Wenn ich zu einer Familienfeier muß oder selbst, wenn ich nur mit Freunden weggehe, überlege ich mir schon tagelang vorher genau, was ich sagen werde«, erzählte Frau Otto (35). »Ich werde bei jeder Kleinigkeit rot und fühle mich deswegen sehr gehemmt, wenn ich in Gesellschaft bin. Ich meine immer, alle Leute schauen mich an und denken, ich wäre dumm. Darum sage ich meistens gar nichts und versuche, so früh wie möglich wieder zu gehen.« Frau Ottos Angst war so groß, daß sie sich manchmal sogar richtiggehend zwingen mußte, einkaufen zu gehen. Sie hatte Angst, sie könnte jemanden treffen, den sie kannte, und müßte sich dann mit ihm unterhalten.

Angst, dumm zu erscheinen

Auch Frau Otto mußte zunächst lernen, sich zu entspannen. In den Sitzungen arbeiteten wir erst einmal daran, Frau Ottos Selbstvertrauen zu stärken. Sie hatte das Problem mit dem Erröten schon seit ihrer Kindheit. Wir entdeckten schnell, daß ihre Unsicherheit auf einen strengen

47

Schullehrer zurückging, der sie während einer Stunde vor den Mitschülern lächerlich gemacht hatte, als sie mit dem Vorlesen eines Textes Schwierigkeiten hatte. Nachdem wir diesen Vorfall in der Sitzung bearbeitet hatten, fühlte sich Frau Otto schon etwas besser, wenn sie mit anderen Leuten zusammen war, und mit einigen Visualisierungsübungen war das Problem bald gänzlich überstanden.

Panikattacken

Platzangst

Panikattacken können entweder alleine auftreten oder im Zusammenhang mit Agoraphobie (Platzangst). Der Betroffene fühlt sich wie versteinert vor Angst, hat Schweißausbrüche, zittert, verspürt Herzrasen und hat das Gefühl, jetzt gleich ohnmächtig zu werden oder tot umzufallen. Die Symptome sind denen eines Herzinfarktes oft ähnlich, so daß schon manch einer wegen Verdachts auf Herzinfarkt im Krankenhaus gelandet ist, obwohl er eigentlich »nur« eine Panikattacke hatte. Ist eine Panikattacke erfolgt, hat der Betroffene Angst, daß sich dieser Angstanfall wiederholen könnte. Er verspannt sich, und diese körperliche Verspannung wiederum macht eine weitere Panikattacke um so wahrscheinlicher.

In den Fällen, in denen Panikattacken in Verbindung mit Platzangst auftreten, hat der Betroffene Angst, in Ohnmacht zu fallen oder anderweitig die Kontrolle über sich zu verlieren, wenn er sich zu weit von zu Hause wegbegibt. Typische Angstsituationen sind hier das Alleinsein zu Hause (»Wenn ich jetzt eine Attacke habe, ist niemand da, der mir helfen kann!«), größere Menschenansammlungen, vor allem in Theatern, Kinos, Supermärkten und großen Kaufhäusern (»Wenn ich Panik kriege, komme ich hier nicht schnell genug heraus«) und Brücken (»Wenn ich mitten auf der Brücke eine Panikattacke habe, komme ich nicht schnell genug auf die andere Seite, wo mir jemand helfen kann«).

Der ängstliche Lastwagenfahrer

Fallbeispiel

Herr Stemmler (50) ist Lastwagenfahrer und arbeitet für eine große Firma, die Lebensmittel herstellt. Er ist täglich unterwegs, um Ware in Supermärkten abzuliefern. »Ich habe eigentlich meine Arbeit bis vor zwei Monaten ganz gerne gemacht«, erzählte er mir, »aber auf einmal hatte ich so ein komisches Gefühl. Mein Herz raste und ich fühlte mich schwindelig. Ich bin dann rechts rangefahren, und nach zehn Minuten ging es wieder. Seitdem mache ich mir immer Sorgen, daß das nochmal passieren könnte.«

Von da an setzte bei Herrn Stemmler eine Kettenreaktion ein. Sobald er morgens losfuhr, ging ihm ständig die Angst im Kopf herum, er könne eine weitere Panikattacke erleiden. »Ich achte jetzt dauernd auf meinen Herzschlag, und wenn er mal etwas schneller geht, weil ich vielleicht etwas Schweres getragen habe, dann kriege ich gleich Panik. Ich bin sicher, daß ich meine Panikattacken selber ›herbeidenke‹, aber ich kann damit einfach nicht aufhören.«

Sich permanent selbst zu beobachten, begünstigt das Panikgefühl

Herr Stemmler hatte recht. Dadurch, daß er auf die nächste Panikattacke wartete und die ganze Zeit zwanghaft auf seinen Pulsschlag achtete, setzte er sich selber unter Streß und beschwor somit die nächste Panikattacke geradezu herauf.

Auf meinen Rat hin reduzierte er seinen Nikotinverbrauch erheblich, da Nikotin Angstzustände begünstigt (s. S. 32). Außerdem lernte er, mit seiner inneren »Panik-

Stimme« anders umzugehen (s. S. 78). Vier Wochen später bekam ich einen kurzen Brief von ihm, in dem er schrieb, daß jetzt alles wieder in bester Ordnung sei.

Angst vor dem Versagen

Leistungsdruck und Versagensangst

Diese Form der Angst kann sich in Situationen entwickeln, in denen man sich im Beisein anderer bewähren muß. Versagensangst kann zum Stolperstein werden, wenn zum Beispiel eine Prüfung oder ein Vorstellungsgespräch ansteht, wenn man eine Rede halten soll oder – vor allem ein Problem vieler Männer – wenn es um den Sexualakt geht. Was manchen Menschen in diesen Situationen Angst macht, ist die Befürchtung, sie könnten die Aufgabe vielleicht nicht bewältigen und sich so womöglich vor anderen als Versager entpuppen.

Test **Macht Ihnen die Versagensangst das Leben schwer?**

1. Kommen Sie in Ihrem Berufsleben nicht weiter, weil Sie sich aus Angst vor dem Versagen um keine bessere Position bewerben?
2. Entgeht Ihnen der Respekt Ihrer Arbeitskollegen oder Ihrer Familienangehörigen, weil Sie sich auf Sitzungen oder in der Familienrunde nichts zu sagen trauen?

Probleme in der Partnerschaft

3. Kommen Sie privat mit Beziehungen nicht weiter, weil Sie sich nicht trauen, jemanden anzusprechen?
4. Kommen Sie in Ihrer Ausbildung nicht weiter, weil Sie aus Prüfungsangst in Examen versagen?
5. Gibt es Schwierigkeiten in Ihrer Partnerschaft, weil Sie Angst vor sexuellem Versagen haben?
6. Fangen Sie erst gar keine neuen Hobbys an, weil Sie zu wissen glauben, daß Sie es ja doch nicht können?

Selbst wenn Sie nur zu einer Frage Ja gesagt haben, sollten Sie sich um das Problem schnellstens kümmern, denn
jede einzelne der in den Fragen aufgeführten Schwierigkeiten kann außerordentlich demoralisierend sein.

   Wenn Sie zu mehr als zwei der Fragen Ja gesagt haben,
dann ist ihr Selbstbewußtsein schon etwas angeschlagen.
Trotzdem können Sie mit Hilfe der Selbsthilfetechniken
in diesem Buch viel erreichen, wenn Sie sich konsequent
mit den Übungen beschäftigen.

So manchem ist eine gute Stelle einfach deshalb entgan-
gen, weil er sich vor dem Vorstellungsgespräch fürchtete.
Die Angst vor möglicher Kritik kann sogar so groß sein,
daß man lieber auf eine Beförderung verzichtet und beim
altbekannten, aber langweiligen Aufgabenbereich bleibt.
Diese Versagensangst ist oft etwas Anerzogenes, entweder
durch das Elternhaus oder durch die Schule. Die Angst
entwickelt sich, wenn ein Kind ständig unter Leistungsdruck gesetzt wird oder keine seiner Leistungen jemals gut
genug war. Das kann später zu einem ungesunden Streben
nach Perfektionismus führen, wo jedweder Fehlschlag
gleich als Katastrophe angesehen wird.

Ein Mißerfolg
ist noch lange
keine Katastro-
phe

Um Versagensangst zu bewältigen, muß neben der körperlichen Entspannung auch das Selbstvertrauen gefördert
werden. Der Betroffene muß lernen, sich ganz auf die zu
absolvierende Prüfung zu konzentrieren statt auf seine
Angst vor der Kritik anderer. Wer sich voll in die zu erfül-
lende Aufgabe vertiefen kann, wird diese Aufgabe auch bewältigen, vorausgesetzt, er hat sich gut vorbereitet, wenn
es bei der Aufgabe um einen Wissenstest oder eine Fertig-
keit geht.

Konzentrieren
Sie sich auf die
Aufgaben, nicht
auf die Angst!

| Fallbeispiel | **Das Brett vor dem Kopf** |

Brigitte (16) war eine sehr gute Schülerin, aber fürchterlich nervös bei Klassenarbeiten. Obwohl sie intelligent und stets gut vorbereitet war, fielen ihre Klassenarbeiten meistens eher durchschnittlich aus. Da Brigitte nach dem Abitur Medizin studieren wollte, war ihr sehr daran gelegen, ihre Prüfungsangst zu überwinden.

Ich fragte sie zunächst einmal, was ihr denn vor einer Klassenarbeit so durch den Kopf ginge. »Das fängt schon ganz früh an, während ich mich auf die Arbeit vorbereite«, erzählte sie. »Bereits beim Lernen geht mir durch den Kopf, daß ich das, was im Buch steht, jetzt alles ganz genau behalten muß, denn nur dann schaffe ich auch eine gute Note. Dieser Gedanke setzt mich oft so unter Druck, daß ich eine Seite dreimal lesen muß, bevor ich eigentlich verstanden habe, was ich da lese.«

Setzen Sie sich nicht unter Druck!

Die negativen Gedanken, die Brigitte also schon in der Vorbereitungsphase durch den Kopf gingen, machten sie schon *vor* der Klassenarbeit nervös, so daß sie sich schlechter konzentrieren und daher weniger effektiv lernen konnte. Brigitte lernte zunächst, sich zu entspannen, und dann begann sie daran zu arbeiten, die negativen Selbstgespräche in ihrem Kopf in positive umzuwandeln. Statt sich selber Druck zu machen, stellte sie sich vor, eine gute Fee würde auf ihrer Schulter sitzen, ihr beim Lernen sanft übers Haar streichen, ihr Mut zusprechen und sie loben. Die Fee begleitete sie dann auch in Gedanken zu den Klassenarbeiten.

Eine gute Fee hilft Ihnen

Allmählich besserten sich Brigittes Leistungen in der Schule. »Ich habe sogar neulich einer Klassenkameradin Mut zusprechen können, die, wie ich früher, bei Arbeiten sehr nervös wird«, erzählte sie stolz.

Angst vor anderen Menschen

Im Gegensatz zur sozialen Phobie, bei der der Betroffene vor der Blamage in der Öffentlichkeit Angst hat, geht es bei dieser Kategorie jetzt um eine spezifischere Angst, nämlich um die direkte Angst vor ganz bestimmten Mitmenschen. Das können entweder Autoritätspersonen sein oder Leute, die man nicht oder nicht gut kennt.

Auch gehemmtes Verhalten dem anderen Geschlecht gegenüber fällt unter diese Kategorie. Solche Ängste schränken natürlich sehr ein, denn wir arbeiten fast alle für einen Vorgesetzten, begegnen im Alltag immer wieder fremden Menschen und sehnen uns auch alle nach Zweisamkeit. Wenn wir in diesen Bereichen nicht weiterkommen, dann fühlen wir uns als Versager.

Wie selbstsicher sind Sie?

Testen Sie einmal, wie selbstsicher Sie sich anderen Menschen gegenüber fühlen.

Machen Ihnen andere Menschen Angst?

Test

1. Fühlen Sie sich in einer Gruppe von Menschen stark gehemmt, wenn Sie die Leute nicht gut kennen?
2. Werden Sie nervös, wenn Sie jemand außer Hause oder am Arbeitsplatz anspricht, den Sie nicht gut kennen?
3. Wissen Sie oft nicht, was Sie in einem Gespräch mit einem anderen Menschen sagen sollen?
4. Legen Sie alles auf die Goldwaage?
5. Ist es Ihnen unmöglich, jemanden anzusprechen, den Sie nicht kennen?
6. Haben Sie Hemmungen im Umgang mit dem anderen Geschlecht?

Haben Sie Hemmungen?

7. Haben Sie das Gefühl, daß alle anderen Menschen klüger, schöner und erfolgreicher sind als Sie?
8. Fühlen Sie sich anderen Erwachsenen gegenüber wie ein Kind, obwohl Sie selber erwachsen sind?

9. Werden Ihnen die Knie weich, wenn Sie mit einer Autoritätsperson zu tun haben?
10. Trauen Sie sich in Gegenwart einer Autoritätsperson nicht, Ihre Meinung zu äußern?

Auswertung

In diesem Test ging es eigentlich um das Thema Selbstwertgefühl. Wer sich selbst nicht schätzt oder respektiert, der erwartet, daß ihm auch andere Geringschätzung entgegenbringen.

Wenn Sie zu Fragen 1–4, 7 und 8 Ja gesagt haben, dann sind Ihr Selbstvertrauen und Ihr Selbstwertgefühl nur sehr dürftig ausgebildet. In diesen Situationen sollten Sie eigentlich in der Lage sein, entspannt und ohne Angst zu reagieren. Also krempeln Sie die Ärmel hoch! Im dritten Teil des Buches lernen Sie, wie.

Nur Mut!

Wenn Sie nur zu Fragen 5, 6, 9 und 10 Ja gesagt haben, dann ist ihr Selbstwertgefühl zwar noch immer eher niedrig, aber andererseits verspüren die allermeisten Menschen in diesen Situationen ein zumindest leichtes Gefühl der Nervosität. Mit positiven Visualisierungen (S. 73) werden Sie gute Ergebnisse erzielen.

Hemmungen der Eltern werden übertragen

Die Unsicherheit anderen gegenüber haben wir oft von den Eltern gelernt. In meiner Praxis stelle ich immer wieder fest, daß Klienten, die sich fremden Menschen gegenüber stark gehemmt fühlen, ausnahmslos zumindest einen Elternteil hatten, der mit den gleichen Schwierigkeiten kämpfte. Wenn Eltern gehemmt sind, werden sie auch ihre Kinder nicht ermutigen oder anleiten können, auf Fremde zuzugehen. Ihre eigene übervorsichtige Art überträgt sich auf die Kinder.

Manche Ängste sind aber auch verständlich, so wie bei Frau Hübner in unserem nächsten Beispiel.

Gesellschaftliche Verpflichtungen leicht gemacht

Frau Hübner (28) war selig, denn sie hatte es geschafft – man hatte ihr gerade mitgeteilt, daß sie befördert worden war. Die Kollegen freuten sich mit ihr, denn jeder mochte die sympathische Sabine und gönnte ihr den beruflichen Aufstieg. »Das einzige, was mir nicht so ganz geheuer ist, sind die gesellschaftlichen Anlässe, an denen ich jetzt aus beruflichen Gründen teilnehmen muß«, erzählte sie mir. »Ich werde da von hochkarätigen Geschäftspartnern und Prominenten umgeben sein, und allein der Gedanke daran macht mir schon angst. Können Sie mir helfen?«

Frau Hübner hatte in vielen anderen Lebensbereichen ein recht gesundes Selbstbewußtsein und brauchte daher nur eine Anleitung, wie sie sich selber helfen konnte. Wir sprachen alles genau durch und übten die von mir vorgeschlagene Visualisierungsübung einmal gemeinsam. Danach machte Frau Hübner eine Woche lang die Übung zu Hause selbständig weiter. Nachdem sie sich zuerst entspannt hatte, stellte sie sich vor, wie sie sich sicher und gelassen auf einem geschäftlichen Fest bewegte, angeregt mit berühmten Gästen sprach, aufmerksam Gesprächen zuhörte und sich rundherum wohlfühlte.

Auch Prominente sind nur Menschen

Bei der ersten Feier ging es bereits »gar nicht so schlecht«, wie Frau Hübner berichtete, und bald hatte sie ihr ursprüngliches Angstproblem ganz überwunden.

Angst vor dem Leben

Wenn Angst überhandnimmt, können Depressionen auftreten. Man hat dann das Gefühl, die Kontrolle über sein Leben völlig verloren zu haben, so daß einem alles sinn-

Wenn Angst überhandnimmt, treten Depressionen auf.

los erscheint. Man kommt mit nichts mehr klar und möchte sich am liebsten vor der Welt verstecken.

Verschiedene Formen der Depression

Wir müssen zwischen *exogenen* Depressionen, die von äußeren Umständen herbeigeführt worden sind (zum Beispiel durch einen schweren Verlust wie den Tod eines Ehepartners), und *endogenen* Depressionen, die durch eine Veranlagung des Individuums herbeigeführt werden, unterscheiden.

Exogene Depressionen legen sich oftmals nach einer gewissen Zeit von alleine und sprechen auch in den meisten Fällen gut auf Psychotherapie und verschiedene Selbsthilfemethoden wie Parabeln (s. S. 96) an. Endogene Depressionen dagegen müssen oft zuerst einmal mit Psychopharmaka behandelt werden.

Test **Leiden Sie an Depressionen?**

1. Sind Sie überzeugt davon, daß Sie im Leben immer nur Pech haben?
2. Möchten Sie sich morgens am liebsten unter der Bettdecke verkriechen und dort den Rest des Tages verbringen, um so die Außenwelt zu meiden?

3. Bringt Sie schon die kleinste Abweichung von Ihrer Tagesroutine aus dem Gleichgewicht?

4. Möchten Sie tagsüber viel schlafen?

5. Können Sie nachts nicht schlafen?

6. Macht Ihnen auch die kleinste Arbeit seelisch und körperlich große Mühe, so daß Sie hinterher erschöpft sind?

7. Neigen Sie zu unkontrollierten Tränenausbrüchen?

8. Kochen Sie manchmal innerlich vor Wut auf alles und jedes, und hält diese Wut lange an?

9. Sind Sie sehr selbstkritisch?

10. Möchten Sie oft alles am liebsten hinschmeißen?

11. Können Sie nicht mehr lachen?

12. Bekommen Sie mit anderen schnell Streit?

Anzeichen einer Depression

Alle Fragen im Test beziehen sich auf Anzeichen einer Depression. Obwohl die einzelnen Symptome wie Schlaflosigkeit, permanente Irritation und Erschöpfung natürlich auch auf andere Ursachen zurückgehen können, so sind doch die zwölf aufgeführten Symptome in ihrer Gesamtheit ein relativ sicheres Anzeichen für eine Depression.

Auswertung

Wenn Sie zu weniger als fünf Fragen Ja gesagt haben, dann sollten Sie einmal überlegen, ob es offensichtliche Gründe gibt, warum Sie diese jeweiligen Probleme haben. Haben Sie die Gründe erst einmal herausgefunden, dann sollten Sie sich sehr bald mit konkreten Lösungsansätzen beschäftigen, um die Problemquellen so weit wie möglich einzudämmen oder auszuräumen (siehe Fall: Negatives am Telefon, S. 22).

Sie können sich selber helfen!

Wenn Sie zu mehr als fünf Fragen Ja gesagt haben, sollten Sie sich in psychotherapeutische Behandlung begeben, auf jeden Fall aber, wenn Sie auf mehr als 8 Fragen mit Ja geantwortet haben. Das Leben macht keinen Spaß, wenn man derartig deprimiert ist, und Sie schulden es sich selber, sich aus diesem negativen Gemütszustand so bald wie möglich zu befreien. Je schneller Sie eine Therapie anfangen, desto schneller wird das Leben wieder lebenswert.

Depressionen können manchmal langwierig sein; es lohnt sich darum auf jeden Fall, psychotherapeutische Hilfe in Anspruch zu nehmen, um dem Heilungsprozeß auf die Sprünge zu helfen. Doch auch Selbsthilfemethoden können erfolgreich sein. Nachdem ich einmal in einem Zeitungsinterview gesagt hatte, daß die Methoden des Positiven Denkens normalerweise nicht bei Depressionen eingesetzt würden, bekam ich prompt einen Leserbrief einer älteren Dame. Sie meinte, ich würde das Positive Denken gewaltig unterschätzen, denn sie habe es schon vor Jahren mit Hilfe von Affirmationen geschafft, sich von ihrer Depression zu befreien!

Positives Denken

Fallbeispiel

Die falsche Frau

Herr Wagner (52) war wegen einer anhaltenden Depression von seinem Arzt zu mir geschickt worden. Der Arzt hatte ihn krank geschrieben und Antidepressiva verordnet, aber Herr Wagner war damit nicht zufrieden. »Mit den Tabletten bin ich den ganzen Tag lang wie benebelt. Ich laufe herum, als wäre ich in einem Traum, aber die Depressionen habe ich trotzdem.«

Herr Wagner hatte vor eineinhalb Jahren wieder geheiratet, nachdem er drei Jahre lang als Witwer allein gelebt hatte. Als damals seine Frau an Krebs starb, war er am Boden zerstört. In dieser schweren Zeit hatte ihm eine Bekannte seiner Frau, Frau Seitz (43), sehr geholfen. Sie hatte ihm stundenlang zugehört, wenn er das Bedürfnis hatte, über seinen Kummer zu sprechen, sie hatte für ihn in den ersten schweren Monaten oft gekocht und im Haushalt nach dem Rechten gesehen. Frau Seitz war selber verwitwet und hatte drei erwachsene Kinder.

Nach zwei Jahren entwickelte sich aus der anfänglichen Freundschaft eine Beziehung, die dann zur Heirat führte. Als ich Herrn Wagner fragte, wie es denn mit seiner zweiten Ehe laufe, zögerte er zunächst, meinte aber schließlich, seine Frau sei sehr hilfsbereit und meine es gut. Das klang mir wenig überzeugend, und als ich nicht locker ließ, stellte sich schnell heraus, daß Frau Wagner recht herrisch geworden war, seit sie geheiratet hatten. Sie schrieb Herrn Wagner vor, was er zu tun und zu lassen habe, und dieser traute sich kaum, zu widersprechen, weil sie ihm schnell vorwarf, undankbar zu sein für all das, was sie für ihn getan hatte. Als ich Herrn Wagner bat, einmal zu überlegen, wann seine Depressionen angefangen hatten, stellte sich heraus, daß sie einige Monate nach der Heirat aufgetaucht waren. Herr Wagner, ein friedliebender und eher schüchterner Mann, sah sich außerstande, sich gegen seine zweite Frau durchzusetzen.

Eine ganze Reihe Therapiesitzungen war nötig, bis Herr Wagner den Mut aufbrachte, seine Frau in die Schranken zu weisen. Das behagte ihr ganz und gar nicht, und nach einem weiteren Jahr kamen beide zu dem Schluß, daß es besser sei, sich zu trennen. Herr Wagners Depressionen verschwanden.

> Zu widersprechen heißt nicht, undankbar zu sein

3. KAPITEL

Ängste überwinden – wer nicht wagt der nicht gewinnt

Nun haben Sie einiges über die Ursachen und die verschiedenen Erscheinungsformen der Angst erfahren. Die folgenden Übungen sollen Ihnen helfen, Ihre Angst zu überwinden. Suchen Sie sich aus den verschiedenen Möglichkeiten die Methoden heraus, die Ihnen persönlich am meisten zusagen. *Auf jeden Fall* aber sollten Sie eine der beiden Grundlagetechniken (richtiges Atmen oder Muskelentspannung) in Ihr Angstbewältigungsprogramm einbeziehen.

Bei der Durchführung der Übungen kommt es *nicht auf Perfektionismus an*. Machen Sie die Übungen einfach so gut Sie können. Solange Sie die Übungen *regelmäßig* machen, nützen Ihnen die Übungen auch dann etwas, wenn Sie sie nicht perfekt beherrschen.

Die Übungen dauern nicht länger als 10 Minuten. Am besten machen Sie sie morgens nach dem Aufwachen und abends vor dem Einschlafen. Und wenn Sie es besonders eilig haben mit der Angstüberwindung, dann gibt es sicher auch tagsüber immer wieder ein paar Minuten Leerlaufzeit, die Sie für eine Übung nützen können.

Ganz wichtig: sich zu entspannen

Auch heute noch geht das Gerücht um, daß man nur dann etwas erreichen kann, wenn man einen enormen Energieaufwand betreibt: »Ohne Schweiß kein Preis«, so lautet der berühmte Spruch. Dennoch machen wir heute zunehmend die Erfahrung, daß wir viel mehr erreichen können, wenn wir uns entspannen – statt uns anzustrengen. Und so kann Entspannung, kombiniert mit einer guten Angstbewältigungsübung, schon in relativ kurzer Zeit zu den ersten Fortschritten und oft sogar zur völligen Auflösung des Angstproblems führen.

Gehen Sie Aufgaben locker an

Die richtigen Grundlagen schaffen

Sie haben in den ersten beiden Teilen dieses Buches eine ganze Reihe Fallbeispiele aus meiner Praxis gelesen, und es wird Ihnen sicherlich aufgefallen sein, daß ich meinen Klienten immer wieder zuallererst Entspannung beibringe. Wer Angst hat, verspannt sich nämlich automatisch, und das bedeutet, daß die Atmung nicht mehr richtig funktioniert, weil die Muskeln des Körpers »klemmen«.

Wer Angst hat, verkrampft sich

Entspannung und richtiges Atmen sind das A und O bei der Überwindung von Angst. Beschäftigen Sie sich deshalb sehr regelmäßig mit den im folgenden beschriebenen Übungen, wenn Sie ernsthaft etwas an Ihrer Angst ändern wollen. Wer sich selber bessere Entspannung verschafft, hat ein Gefühl der Kontrolle über sein Leben, und das wiederum vermindert das Gefühl der Angst. Aus diesem Grunde bezeichne ich hier auch das richtige Atmen und die Muskelentspannung als Grundlagetechniken.

Richtiges Atmen

Sie denken jetzt vielleicht: »Atmen? Das kann ich schon. Mache ich ja schließlich 24 Stunden am Tag...« Da muß ich Sie aber enttäuschen: Nur weil Sie leben, heißt das noch lange nicht, daß Sie richtig atmen.

Unser Körper ist sehr anpassungsfähig und tut immer sein Bestes, um so gut wie möglich zu funktionieren, obwohl wir ihm diese Aufgabe oft sehr schwer machen. Wir essen oft das Falsche oder zu viel, wir rauchen und trinken, wir bewegen uns nicht genug oder atmen auch nicht richtig.

Wir atmen zwischen 16.000 und 20.000 mal am Tag. Die Atmung geschieht normalerweise automatisch; sie wird vom vegetativen Nervensystem gesteuert, ohne daß wir uns dessen bewußt sind. Zum Glück können wir aber unsere Atmung auch bewußt steuern, so daß wir fehlerhafte Atmung durch einige leichte Übungen allmählich korrigieren können.

Bauchatmung, nicht flache Brustatmung

Aus welchem Grunde ist es aber so wichtig, daß wir richtig atmen? Wenn wir nur flach atmen, dann gelangt nicht genügend Sauerstoff in den Körper. Sämtliche Organe des menschlichen Körpers, einschließlich des Gehirns, sind aber abhängig von guter Sauerstoffzufuhr, denn nur dann bleibt Gewebe gesund und kann sich regelmäßig erneuern. Zusätzlich hat ein guter, tiefer Atemrhythmus den Vorteil, daß durch die Bewegungen des Ein- und Ausatmens die inneren Organe sanft massiert werden, was wiederum die gute Durchblutung und dadurch das bessere Funktionieren der Organe fördert.

Unsere Atmung ist auch das Spiegelbild unserer Gefühle. So atmet eine ängstliche Person eher flach und schnell, je-

mand, der unter Depressionen leidet, stößt oft lange Seuf-
zer beim Ausatmen aus und ein Kind, das einen Wutan-
fall hat, hält den Atem an, bis es rot im Gesicht ist.

Wenn Sie an einem Angstproblem leiden, dann wird
durch die schnelle, flache Atmung der Körper belastet,
weil das Herz jetzt viel schwerer arbeiten muß. Das wiederum verursacht ein Gefühl körperlicher Aufruhr, was
die Angst nur noch verstärkt. Doch dieser Teufelskreis läßt
sich durchbrechen.

*Flache Atmung
verstärkt das
Angstgefühl*

Phönix aus der Asche

Übung

Sie können die folgende Übung im Sitzen oder im Stehen
machen.
1. Lockern Sie Kleidung, die eng um die Taille sitzt.
2. Halten Sie den Rücken gerade, lassen Sie den Kopf nach
   vorne auf die Brust sinken und ATMEN SIE AUS. Lassen Sie dabei die Luft durch den Mund entweichen und
   hauchen Sie den Laut HAAAA.
3. Richten Sie den Kopf wieder auf, heben Sie das Kinn
   etwas an, so daß Ihr Kopf ganz leicht nach hinten ge-
   neigt ist. Öffnen Sie die Arme ganz weit, als wenn Sie
   drei Leute gleichzeitig umarmen wollten, und ATMEN
   SIE dabei EIN, und zwar durch die Nase und so tief Sie
   können.
4. Verschränken Sie jetzt die Arme vor dem Körper, als
   wollten Sie sich selber umarmen, lassen Sie den Kopf
   dabei wieder nach vorne sinken und ATMEN SIE AUS,
   auch diesmal wieder durch den Mund, wie in Schritt 2.
5. Wiederholen Sie Schritte 3 und 4 mehrere Male.

*Richtig zu
atmen können
Sie an jedem
Ort üben*

Wenn Sie jahrelang gewohnheitsmäßig nur flach, also nur
im oberen Brustbereich, geatmet haben, kann es sein, daß
Ihnen bei dieser Übung schwindelig wird. Machen Sie sich
aber deswegen keine Sorgen. Es bedeutet lediglich, daß

sich Ihr Gehirn erst an die erhöhte Sauerstoffzufuhr gewöhnen muß. Wiederholen Sie in diesem Fall Schritte 3
und 4 nur dreimal und atmen Sie die ersten paar Tage
nicht allzutief ein. Nach einer Woche können Sie die An-
zahl der Wiederholungen des Ein- und Ausatmens auf vier
oder fünf steigern und langsam tiefer einatmen.

Hier noch einige Tips, die Ihnen das Üben erleichtern sollen und Ihnen schneller bessere Resultate bringen.

Tip 1 Stellen Sie sich während Sie einatmen vor, daß Ihr
gesamter Körper wie ein Luftballon aufgeblasen
wird.

Tip 2 Prüfen Sie tagsüber ab und zu, ob Sie richtig atmen.
Legen Sie eine Hand auf den Bauch. Wenn Ihre
Hand beim Einatmen vom Bauch hochgedrückt
wird, dann atmen Sie richtig.

Tip 3 Nützen Sie Leerlaufphasen im Alltag, um tief
durchzuatmen. Dadurch gewöhnt sich Ihr Körper
langsam an ein besseres Atemmuster.

Bauchatmung
hilft gegen
Nervosität

Tip 4 Wenn Sie nervös oder ängstlich werden, ATMEN
SIE mehrere Male TIEF EIN UND AUS, denn das
wirkt beruhigend.

Tip 5 Beobachten Sie die Atmung anderer Menschen um
sich herum, denn das bringt Ihnen Ihre eigene Atmung stärker ins Bewußtsein. Wenn sich der
Bauch beim Einatmen nach außen wölbt, atmet
der Betreffende richtig. Wenn sich nur der Brust-
korb wölbt, dann ist die Person verspannt (oder der
Rock oder die Hose zu eng!).

Tip 6 Sollten Sie sich an einem Tag besonders nervös fühlen und Angst vor einer Panikattacke haben, dann tragen Sie eine Papiertüte (kein Plastik!) bei sich. Wenn Ihre Atmung zu schnell und aufgeregt wird, atmen Sie ein paar Mal tief in die Tüte ein und aus.

So bekommen Sie Ihre Atmung unter Kontrolle

Wenn Sie nämlich sehr schnell atmen, verliert Ihr Blut zu viel Kohlendioxyd, was zu Schwindelgefühlen und Ohnmacht führen kann. Indem Sie das in die Tüte ausgeatmete Kohlendioxyd wieder einatmen, können Sie diesen Mangel ausgleichen und fühlen sich dann sehr schnell wieder besser.

Muskelentspannung

Für den Körper ist es sehr wichtig, daß er mäßig, aber regelmäßig bewegt wird, damit er flexibel und gesund bleibt. Durch regelmäßige Gymnastik wird nämlich das Adrenalin im Körper abgebaut, das bei Streß und Angstzuständen ständig ausgeschüttet wird und den Körper so in einen permanenten Erregungszustand versetzt.

Regelmäßige Bewegung baut Streßhormone ab

Darüber hinaus hat ein gesunder Körper auch einen positiven Einfluß auf den Geist. Wer sich nicht bewegt, sondern nur vor dem Fernseher oder dem Computer sitzt, der »erstarrt« nicht nur körperlich, sondern auch geistig: Ein unbeweglicher Körper fördert verklemmtes Denken. Wenn Sie also an einer Angst leiden und sich körperlich nicht betätigen, dann stecken Sie geistig in Ihrer Angst fest, so daß sich Ihre Gedanken ständig im Kreis drehen und immer nur um das eine Thema: Angst.

Viele Menschen unterliegen dem Irrglauben, man müsse mindestens dreimal in der Woche ins Fitneßstudio gehen und dort mindestens eine Stunde lang wild herumspringen, um fit zu werden. Und der florierenden Fitneß-Industrie ist natürlich auch daran gelegen, diesen Mythos aufrechtzuerhalten. Doch ich habe eine gute Nachricht für Sie: Um den Körper beweglich zu halten, reicht schon eine Viertelstunde am Tag, und dabei müssen Sie noch nicht einmal ins Schwitzen kommen!

15 Minuten am Tag genügen

Ich habe Ihnen hier ein kleines Übungsprogramm zusammengestellt, das ganz einfach anfängt. Machen Sie jede Übung zunächst nur wenige Male. Verwechseln Sie den womöglich auftretenden vermehrten Herzschlag während des Übens nicht mit Angst. Wenn Sie sich dann nach einer Woche etwas stärker fühlen, können Sie die einzelnen Übungen ausdehnen. Machen Sie jede Übung so langsam, wie Sie wollen. Sie dürfen auch ruhig zwischendurch Pausen einlegen. Sie brauchen für die Übungen

- einen Teppich oder eine Decke als Unterlage,
- ein Stück freie Zimmerwand,
- eine Uhr,
- Musik, die Ihnen gefällt.

Übung **Der aufgewärmte Phönix**
Machen Sie sich Musik an und stellen Sie sich auf den Teppich oder auf Ihre Decke.
1. Marschieren Sie auf der Stelle. Bewegen Sie die Arme dabei mit.
2. Wenn Sie können, heben Sie dabei die Knie gut an.
Machen Sie die Übung ein bis zwei Minuten lang.

Übung **Die Ohren bekommen Besuch**
1. Stellen Sie sich ruhig hin, Beine etwa hüftbreit auseinander.
2. Ziehen Sie die Schultern bis zu den Ohren hinauf und ATMEN SIE AUS.

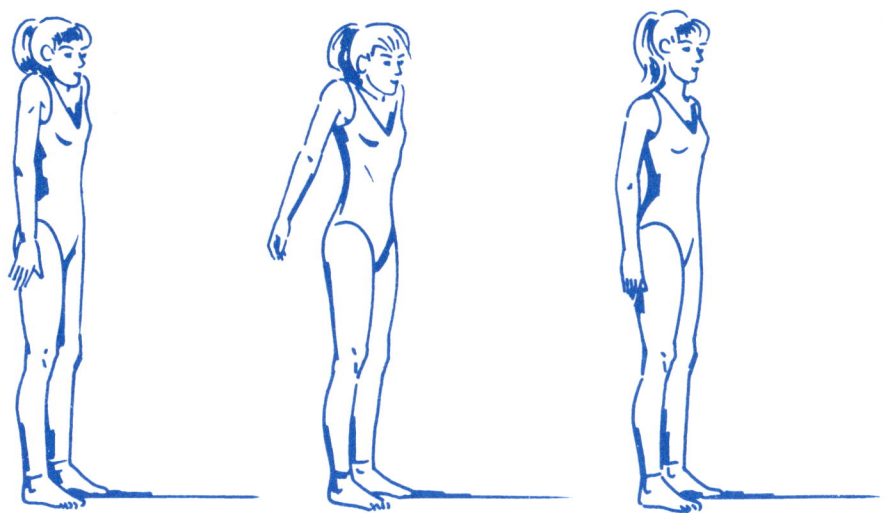

3. ATMEN SIE EIN, während Sie die Schultern so weit wie möglich nach hinten schieben, aber immer noch auf Ohrenhöhe lassen.

4. Halten Sie diese Position einen Moment, dann lassen Sie die Schultern nach unten sinken.

Wiederholen Sie die Übung noch sieben Mal.

Den Tibetischen Mönchen abgeguckt   *Übung*

1. Legen Sie sich auf den Rücken, Hände neben dem Körper.

2. Ziehen Sie den Kopf zur Brust und die Füße an den Körper, so daß die Knie zur Decke zeigen. Die Füße stehen dabei auf dem Boden.

3. Strecken Sie jetzt die Füße senkrecht in die Luft, die Knie so gut gestreckt wie Sie können.

4. Halten Sie diese Position einen Moment lang und ATMEN SIE dabei TIEF EIN.

5. Winkeln Sie die Beine wieder an und stellen Sie die Füße auf den Boden. Lassen Sie zugleich den Kopf sanft auf den Boden zurücksinken und ATMEN SIE AUS.

Wiederholen Sie die Übung noch zwei Mal.

Übung   *Eine Rutschpartie*

1. Stellen Sie sich aufrecht an ein Stück freie Zimmerwand, mit dem Rücken ganz an die Wand gelehnt.
2. Bleiben Sie mit dem Rücken fest an die Wand gelehnt, während Sie einen Schritt von der Wand wegmachen.
3. Rutschen Sie jetzt langsam in eine Sitzposition herunter, als wenn Sie sich auf einen unsichtbaren Stuhl set-

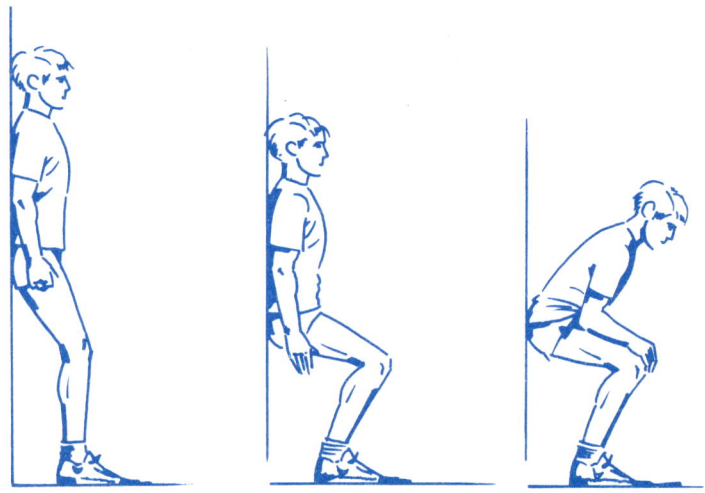

zen wollten. Gleiten Sie dabei mit dem Rücken langsam die Wand hinunter und halten Sie die Sitzposition einen Moment lang.

4. Lehnen Sie sich jetzt mit geradem Rücken nach vorne, stützen Sie sich mit den Händen auf den Knien ab und richten Sie sich wieder auf.

Wiederholen Sie diese Übung noch zwei Mal.

Die Wand muß weg!

Übung

1. Stellen Sie sich etwa einen Meter entfernt mit dem Gesicht zur Wand und legen Sie beide Hände schulterbreit an die Wand.

2. Stellen Sie das linke Bein gestreckt zurück, das rechte winkeln Sie an.

3. Lehnen Sie sich mit gestreckten Armen mit sanft zunehmendem Druck an die Wand, als wollten Sie sie wegschieben. Dabei merken Sie, wie das linke Bein gedehnt wird. Zählen Sie nun im Takt mit der Musik langsam bis zehn, während Sie diese Position halten.

4. Wechseln Sie jetzt die Position Ihrer Füße und drücken Sie fest in die Wand hinein. Zählen Sie wieder langsam bis zehn, während Sie diese Position halten.

Wiederholen Sie den Übungsablauf noch zwei Mal.

Allmähliche Muskelentspannung

1. Legen oder setzen Sie sich bequem hin und schließen Sie die Augen.

2. Spannen Sie jetzt die Fußmuskeln sanft an, halten Sie die Spannung einen Moment lang und lassen Sie die

Spannung wieder los. Stellen Sie sich dabei vor, wie die Spannung aus den Muskeln abfließt.

3. Wiederholen Sie jetzt Schritt 2 nacheinander mit den folgenden Körperteilen: Unterschenkel, Oberschenkel, Bauchmuskeln, Brustmuskeln, Hände, Arme, Gesichtsmuskeln.

4. Wenn Sie alle Muskeln einmal an- und entspannt haben, dann bleiben Sie noch eine Weile mit geschlossenen Augen liegen bzw. sitzen.

Diese Übung brauchen Sie nur einmal zu machen.

Regelmäßigkeit
ist entscheidend

Sie erzielen die besten Resultate, wenn Sie alle Übungen in der Reihenfolge machen, in der ich sie beschrieben habe. Wenn Sie eine Übung wirklich überhaupt nicht mögen, dann können Sie sie auch weglassen. Auf jeden Fall aber sollten Sie mit dem »Aufgewärmten Phönix« beginnen, damit die Muskeln warm werden, und mit der »Allmählichen Muskelentspannung« abschließen.

Hier noch einige zusätzliche Tips:

Tip 1 Nehmen Sie jede Gelegenheit wahr, sich zu bewegen. Steigen Sie zum Beispiel eine Haltestelle früher aus und laufen Sie den Rest des Weges. Fahren Sie zum Einkaufen mit dem Fahrrad und benutzen Sie auch die Rolltreppe zum Gehen.

Tip 2 Machen Sie täglich einen flotten Spaziergang von etwa 15 Minuten – ein Schaufensterbummel genügt nicht!

Tip 3 Wenn Sie an Agoraphobie (Platzangst) leiden, dann drehen Sie eben in Ihrem Garten ein paar Runden, allerdings ohne dabei an jedem Rosen-

strauch stehenzubleiben, oder gehen Sie die Trep-
pen im Hausflur ein paarmal rauf und runter.

> Überanstrengen Sie sich nicht, besonders, wenn Sie
> schon länger keine körperlichen Übungen gemacht
> haben. Bewegen Sie sich, bis Ihnen etwas warm ist und
> Ihr Atem etwas schneller geht. Und rennen Sie nicht,
> sondern gehen Sie.

Rücken Sie der Angst zu Leibe

Nachdem Sie sich mit den Grundlagetechniken vertraut
gemacht haben, geht es jetzt weiter mit einigen Aufbau-
methoden, die Sie *zusätzlich* zu den Grundlagetechniken
machen sollten.

Sobald Sie mit diesen Übungen anfangen, achten Sie
auf Ihre Fortschritte, denn die ersten Erfolge stellen sich
oft schnell ein. Wenn ich von Fortschritten spreche, dann
meine ich damit *jede positive Veränderung*, die sich von
Ihrem bisherigen Verhalten und Ihren bisherigen Gefühlen abhebt. Diese Fortschritte mögen Ihnen klein erscheinen, sind aber trotzdem außerordentlich wichtig,
weil sich schließlich viele kleine Fortschritte zu einem
großen Fortschritt summieren.

Mit kleinen
Schritten ans
Ziel

Erinnern Sie sich noch an Hans-Peter aus unserem Fallbeispiel auf Seite 46? Er machte sich anfangs selber das
Leben schwer, indem er jeden kleinen Fortschritt igno-
rierte und nur darüber jammerte, vor großen Spinnen
noch immer Angst zu haben. Er wollte seine Angst mög-

lichst in einer Woche bewältigen, und da das nicht so klappte, wie er es gerne gehabt hätte, wollte er am liebsten »alles hinschmeißen«, wie er sagte. Ich machte ihn darum immer wieder auf die positiven Veränderungen aufmerksam, die sich von Woche zu Woche ergaben: »Letzte Woche konnten Sie noch nicht einmal an eine Spinne denken, ohne nervös zu werden, und diese Woche sind Sie schon richtig gelassen.«

Erste Ergebnisse motivieren Sie zusätzlich

Machen Sie bitte nicht den gleichen Fehler wie Hans-Peter: Ignorieren Sie positive Veränderungen nicht, ganz im Gegenteil – halten Sie nach ihnen Ausschau, und zwar schon nach der ersten Übungswoche. Zum einen ist es ein tolles Gefühl, sich aktiv um eine Lösung zu bemühen und die ersten Resultate zu beobachten, aber das Verfolgen von Fortschritten ist auch deshalb wichtig, weil es Ihnen hilft, bei der Stange zu bleiben. Wer sich auf Fortschritte konzentriert, dem fällt es leichter, die Übungen solange zu machen, bis er sein Ziel erreicht hat.

Das neue Lebensgefühl kommt nicht über Nacht, aber dafür dauerhaft

Hier ist eine kleine Liste von Anzeichen, die Ihnen beweisen, daß Sie sich Ihrem Ziel nähern:
- die Angst tritt weniger häufig auf;
- die Stärke der Angst vermindert sich;
- Sie vergessen ab und zu, an Ihre Angst zu denken;
- Sie können wieder besser schlafen, auch wenn Ihnen am nächsten Tag ein beängstigendes Ereignis bevorsteht;
- Sie haben wieder ein größeres Gefühl der Kontrolle über Ihr Leben;
- Sie lachen wieder mehr;
- Ihr Interesse an Ihrer Umgebung steigt.

Machen Sie jeden Tag einen kleinen Schritt; das ist machbar und bringt die besten Resultate.

Positive Visualisierung

Beim Bewältigen Ihrer Ängste kann Ihnen Ihre Vorstellungskraft große Dienste erweisen. Die Macht Ihrer eigenen Fantasie dürfte inzwischen bei Ihnen außer Frage stehen, da es schließlich Ihre eigene Fantasie ist, die Ihnen überhaupt erst eine vermeintliche Gefahr vorgaukelt und so Ihre Ängste erzeugt. Erinnern Sie sich an die Situation, die ich Ihnen im Vorwort geschildert habe (s. S. 7) – auch wenn wir noch gar nicht wissen, ob wir eine rote Karte unter dem Stuhl haben, sind wir wahrscheinlich schon nervös, denn in unserer Vorstellung malen wir uns bereits aus, daß wir der Aufgabe nicht gewachsen sind.

Unsere eigene übereifrige Fantasie kann uns also Angst bescheren, sie kann uns aber auch zu einer gelassenen Einstellung verhelfen. Oft haben wir uns einfach angewöhnt, immer das Schlechteste zu erwarten, so daß unsere Fantasie automatisch mit uns durchgeht, wenn uns zum Beispiel etwas Neues erwartet. Wenn Sie aber Ihrer Fantasie zu freie Hand lassen, dann krakeelt sie in Ihrem Kopf herum wie eine wildgewordene Gänseschar, die beim kleinsten Anlaß ein Heidentheater veranstaltet. Lassen Sie das nicht zu. Bestehen Sie auf Disziplin in Ihrem Kopf. Das ist am Anfang etwas mühsam, lohnt sich aber auf lange Sicht.

Nützen Sie die Kraft Ihrer Fantasie positiv!

In diesem Kapitel geht es darum, Ihre Fantasie sozusagen »umzuerziehen«. Statt den negativen Gedanken freien Lauf zu lassen, setzen Sie ihnen positive Bilder entgegen. Hier sind einige Beispiele:

Wenn Sie sich ständig Sorgen machen

Stellen Sie sich vor, wie Sie nach Einnahme einer Zauberpille eine ganz Woche lang fröhlich und vergnügt Ihre Arbeit verrichten und beim Ausspannen die freie Zeit so richtig genießen.

Wenn Sie Angst vor einem Objekt haben

Schöpfen Sie
Energie aus der
Vorstellung

Stellen Sie sich vor, wie Sie sich nach Einnahme einer Zauberpille in Gegenwart des ehemals gefürchteten Objekts ruhig und gelassen fühlen, so daß sogar Ihre eigenen Freunde und Verwandten staunen.

Wenn Sie Angst vor sozialen Situationen haben

Stellen Sie sich vor, Sie hätten eine Zauberpille genommen und am nächsten Tag sind Sie auf einem Fest/einer Konferenz/einer Geschäftsbesprechung und kommen nicht aus dem Staunen, wie lässig Sie sich in der Gesellschaft anderer bewegen.

*Stellen Sie sich
vor, wie Sie das
Leben genießen
und wieder richtig
lachen können.*

Wenn Sie Angst vor dem Versagen haben

Stellen Sie sich vor, Sie hätten eine Zauberpille genommen und meistern die gefürchtete Situation, zum Beispiel das Vorstellungsgespräch oder auch die Rede, ganz einwandfrei, ruhig und gelassen.

Wenn Sie unter Depressionen leiden

Stellen Sie sich vor, wie Sie nach Einnahme einer Zauberpille das Leben wieder unbeschwert genießen, einem Hobby nachgehen, selbstbewußt und angstfrei agieren und reagieren und wieder richtig lachen können.

Um diese positiven Fantasien besonders effektiv zu gestalten, sollten Sie folgendermaßen vorgehen:

- Machen Sie zunächst die Übung »Phönix aus der Asche« (s. S. 63) drei Mal.
- Jetzt schließen Sie die »Allmähliche Muskelentspannung« (s. S. 69) an.
- Bleiben Sie danach liegen und schließen Sie die Augen.
- Schlucken Sie einmal, als würden Sie gerade die Zauberpille einnehmen, und versenken Sie sich in Ihre positive Visualisierung.

Beim Visualisieren kommt es darauf an, sich den Erfolg so intensiv wie möglich vorzustellen. Sie dürfen ruhig etwas ausschmücken. Wichtig ist, daß Ihre positiven Gedankenbilder Ihre Stimmung heben, je mehr, desto besser.

Visualisieren hebt Ihre Stimmung

Sollten Sie Schwierigkeiten damit haben, sich selbst in der Rolle des »Helden« zu sehen, dann stellen Sie sich jemand anderen vor, der in der gefürchteten Situation ausgezeichnet klarkommt, und Sie könnten ihn aus sicherer Entfernung beobachten. Wenn diese Vorstellung klappt, dann stellen Sie sich vor, Sie könnten in die Haut dieser angstfreien Person schlüpfen. Durchlaufen Sie jetzt die ganze Szene noch einmal, wobei Sie aber immer noch den anderen agieren und reagieren lassen – Sie lassen alles nur geschehen, während Sie sich die Sache aus nächster Nähe ansehen. Erst wenn auch diese Vorstellung klappt, stellen Sie sich vor, die Situation selber zu bewältigen.

Beim Visualisieren kommt es nicht auf die Bildschärfe im Kopf an. Wer sich geistig etwas vorstellt, hat vielleicht nur ein vages und undeutliches Bild vor Augen, aber das macht nichts. Auch wenn Sie lediglich das Gefühl haben, »irgendwie zu wissen«, was sich in Ihrer geistigen Vorstellung vollzieht, dann genügt das bereits.

Wenn es Ihnen schwerfällt, bei der Vorstellung Ihres Erfolges ruhig zu bleiben und Sie statt Ruhe Nervösität empfinden, dann schalten Sie zunächst eine andere Visualisierungsübung vor.

Übung

Die Idylle

1. Machen Sie es sich bequem und schließen Sie die Augen.

Entspannen Sie sich, atmen Sie tief ein und aus

2. Stellen Sie sich jetzt einen Ort vor, an dem Sie sich sicher und geborgen fühlen können. Diese Idylle kann zum Beispiel ein hübsches Boot auf einem See sein, das leise auf den Wellen schaukelt, oder eine Blumenwiese auf dem Lande.

3. Versetzen Sie sich mit allen Sinnen in Ihre Fantasie hinein. Stellen Sie sich vor, wie es sich anfühlt, dort zu sein. Stellen Sie sich vor, was Sie um sich herum sehen und hören können. Fühlen Sie das einschläfernde Schaukeln des Bootes oder das weiche Gras, auf dem Sie in Gedanken liegen.

4. Lassen Sie sich in dieser Idylle treiben, solange Sie können.

5. Schließen Sie jetzt die Visualisierung Ihres Erfolges an, wie auf Seite 73 ff beschrieben.

Fallbeispiel

Die verspätete Wasserratte

Frau Pfeiffer (63) hatte eine Riesenangst vor dem Wasser. In der Schule hatte es mit dem Schwimmenlernen nie so recht geklappt, und jetzt im Alter war die Angst noch schlimmer geworden. Aber Frau Pfeiffer ließ nicht locker. »Als ich noch berufstätig war, hatte ich keine Zeit, meine Angst vor dem Wasser zu überwinden, aber jetzt, da ich pensioniert bin, will ich die Sache endlich angehen. Alle meine Kinder und Enkel können schwimmen, und jetzt ist Oma auch mal dran!«

Frau Pfeiffer und ich entwarfen gemeinsam eine »Erfolgsleiter« (s. S. 84), die folgendermaßen aussah:

Auch die Angst vor Wasser kann man abbauen.

Schritt 1: In ein Schwimmbad gehen und den anderen Menschen zuschauen.

Schritt 2: Im flachen Wasser etwa fünf Minuten lang langsam herumwaten und sich dann hinknien, so daß Ihnen das Wasser bis zu den Schultern reicht.

Schritt 3: Sich im flachen Teil des Beckens am Rand festhalten und mit den Beinen strampeln.

Schritt 4: Beim Knien im niedrigen Wasser Mund und Nase kurz ins Wasser tauchen und dabei ausatmen.

Schritt 5: Schwimmstunden nehmen.

Frau Pfeiffer lernte zunächst das richtige Atmen und die Muskelentspannungsübung und bekam als Hausaufgabe, sich erst einmal nur den ersten Schritt der Erfolgsleiter bildlich vorzustellen. Nach einer Woche sollte sie diesen Schritt dann in Wirklichkeit ausprobieren. Sobald Sie Schritt 1 problemlos durchführen konnte, durfte sie zum nächsten Schritt übergehen. Bei Schritt 4 hatte Frau Pfeiffer anfänglich Schwierigkeiten. »Es war mir etwas ungeheuer, das halbe Gesicht ins Wasser zu tauchen. Dann habe ich es aber zu Hause in der Badewanne ausprobiert, und plötzlich ging es auch im Schwimmbad.«

Das Visualisierte wird Wirklichkeit

Auch während Frau Pfeiffer zu ihren Schwimmstunden ging, benutzte sie weiterhin die positive Visualisierung, indem sie sich vorstellte, wie sie sicher und ruhig ihre Bahnen im Schwimmbecken zog. Nach zwölf Schwimmstunden hatte sie dann ihre positive Erwartungshaltung in die Wirklichkeit umgesetzt. »Meine Familie war ganz begeistert. Meine Kinder haben alle zusammengelegt und mir und meinem Mann einen Wochenendaufenthalt in einem schönen Hotel geschenkt – mit Swimmingpool, versteht sich!«

Positive Selbstgespräche

Die bildliche Vorstellung vom ruhigen und gelassenen Umgang mit bestimmten Situationen können Sie durch konstruktive Selbstgespräche noch weiter unterstützen.

Angst geht immer Hand in Hand mit negativen Selbstgesprächen in Form dieser und ganz ähnlicher Gedanken:

»Um Gottes willen, nicht schon wieder eine Geschäftsbesprechung!«

»Nein, das schaffe ich *nie*!«

»Nichts wie weg hier!«

»Diese Übung brauche ich gar nicht erst zu probieren, die nützt ja doch nichts.«

»Ich bin bestimmt ein hoffnungsloser Fall.«

Diese Gedanken »passieren« ganz automatisch, oft ohne daß wir bemerken, bei unseren inneren Selbstgesprächen ins Negative abgeglitten zu sein. Es ist aber wichtig, immer mal wieder darauf zu achten, was einem so durch den Kopf geht, denn wenn negativen Gedanken freier Lauf gelassen wird, dann fallen auch die Ergebnisse entsprechend negativ aus. Negative Gedanken erzeugen leichte bis starke Verspannungen, sowohl körperlich wie auch geistig, und diese Spannungen verschlimmern Ihre Ängste noch.

Was geht in Ihrem Kopf vor?

Auf innerem Horchposten

Übung

1. Machen Sie einen Augenblick lang die Augen zu.
2. Denken Sie an die Situation oder Sache, die Ihnen Angst macht.
3. Stellen Sie fest, welche Gedanken Ihnen dabei durch den Kopf gehen.
4. Schreiben Sie die Gedanken auf, wenn Sie die Augen wieder aufgemacht haben.

Es ist wichtig, daß Sie Ihre Angst in Worte fassen, etwa so wie in den Beispielen auf Seite 78. Wenn Ihnen kein klarer Satz durch den Kopf geht, während Sie an Ihre Angst denken, dann erfinden Sie eben einen oder auch mehrere Sätze, die Ihrer Meinung nach Ihre Angst am besten wiedergeben.

Formulieren Sie Ihre Angst

Im nächsten Schritt geht es jetzt darum, diese negativen Gedanken umzuformulieren, etwa so:

Negativ »Um Gottes willen, nicht schon wieder eine Geschäftsbesprechung!«

Positiv »Vor dieser Geschäftsbesprechung kann ich meine Atemübung und meine Visualisierungsübung machen, und damit gehe ich bestimmt schon etwas ruhiger in die Besprechung als letztes Mal.«

Negativ »Nein, das schaffe ich nie!«
Positiv »Ich mache langsam aber sicher Fortschritte – bald habe ich es geschafft.«

Nützen Sie die
Macht Ihrer
Gedanken

Negativ »Nichts wie weg hier!«
Positiv »Ich kann jederzeit gehen – davon kann mich nichts und niemand abhalten, und darum kann ich ruhig noch einen Moment bleiben.«

Negativ »Diese Übung brauche ich gar nicht erst zu probieren, die nützt ja doch nichts.«
Positiv »Diese Übung ist mir ganz fremd, aber es schadet sicher nichts, sie einmal auszuprobieren; man lernt schließlich immer dazu.«

Negativ »Ich bin bestimmt ein hoffnungloser Fall.«
Positiv »Aufgeben kann ich morgen immer noch. Jetzt habe ich erst einmal ein paar neue Anhaltspunkte, wie ich mit meiner Angst fertigwerden kann. Da mache ich mich jetzt gleich an die Arbeit.«

Wenn es Ihnen schwerfällt, Negatives in Positives umzuwandeln, stellen Sie sich einmal vor, Ihre beste Freundin oder Ihr bester Freund würde sich auf negative Art äußern. Mit welchem positiven Satz würden Sie ihr oder ihm Mut machen?

Auf der nächsten Seite habe ich Ihnen eine kleine Liste zusammengestellt, die aus positiven Sätzen besteht, die einen ermutigenden und anspornenden Effekt haben.

Wenn Sie sich ständig Sorgen machen

»Es wird schon alles gutgehen.«

»Was passiert ist, ist passiert. Ich schaue jetzt vorwärts und werde langsam optimistischer.«

»Ich habe besseres zu tun, als mich zu sorgen.«

»Ich bleibe jetzt ganz ruhig, auch wenn es gerade hoch hergeht.«

»Gestern ist vorbei und morgen ist noch nicht passiert, darum darf ich ruhig und gelassen im Hier und Jetzt leben.«

Wenn Sie an einer Phobie leiden

»Ich kann lernen, diese Angst zu überwinden.«

»Ich darf mich in dieser Situation genau wie alle anderen Menschen ruhig und sicher fühlen.«

Denken Sie positiv!

»Ich fühle mich langsam aber sicher immer wohler, wenn ich auf Feste gehe/an Sitzungen teilnehme/im Lift fahre etc.«

Und für Panikattacken: »Wohin ich auch immer gehe/fahre, ich bin überall sicher aufgehoben. Wenn ich Hilfe brauche, bekomme ich sie sofort.«

Wenn Sie Angst vor dem Versagen haben

»Meine Selbstsicherheit wächst mit jedem Tag ein bißchen mehr.«

»Ich lerne jetzt ganz allmählich, mein Selbstbewußtsein aufzubauen.«

»Was andere können, kann ich auch. Man kann schließlich alles lernen.«

»Ich bin lernfähig, und das ist die Hauptsache.«

»Ich freue mich auf den Erfolg, der schon zu mir unterwegs ist.«

Wenn Sie Angst vor anderen Menschen haben

»Wir sind alle Menschen und ich habe die gleichen Rechte wir alle anderen.«

»Ich gebe anderen die Chance, sich von ihrer besten Seite zu zeigen.«

»Ich kann (lernen,) ruhig und freundlich mit anderen (zu) sprechen.«

»Ich interessiere mich für andere Menschen, egal, welche Position sie im Leben innehaben.«

»Es ist faszinierend, andere Menschen zu beobachten und sich mit ihnen zu unterhalten.«

Wenn Sie Angst vor dem Leben haben

Freuen Sie sich auch über kleine Fortschritte

»Auch ein kleiner Lichtblick ist ein Lichtblick.«

»Langsam arbeite ich mich ans Licht. Die Arbeit an mir selber macht mich stark.«

»Ich fange jetzt an, nach der Tür in der Wand zu suchen statt weiterhin nur die Wand anzustarren.«

»Ich fange jetzt an, innere Stärke und Selbstbewußtsein zu entwickeln.«

»Ich freue mich darauf, daß es mir bald besser geht.«

…und wenn Sie sich nicht dazu durchringen können, mit einer Übung anzufangen…

»Ich fange jetzt sofort mit dieser Übung an. Was die Peiffer kann, kann ich schon lange!«

Suchen Sie sich aus den aufgeführten Beispielen einen oder mehrere Sätze heraus, die Ihnen gefallen, oder nehmen Sie die positiven Sätze, die Sie sich selber aufgeschrieben haben.

Sagen Sie sich Ihre Sätze immer wieder vor. Sie können

das in Gedanken oder laut tun. Sagen Sie Ihre positiven Sätze auf jeden Fall morgens beim Aufwachen und abends vor dem Einschlafen, und sagen bzw. denken Sie die Sätze mit viel Gefühl, auch wenn Sie sie im Moment noch nicht so richtig glauben können. Nach einer Weile werden Sie merken, wie Sie sich besser fühlen und Ihre Ängste sich langsam vermindern.

Seien Sie konsequent und benutzen Sie Ihr positives Selbstgespräch regelmäßig und so häufig wie möglich, damit sich die positiven Gedanken im Unterbewußtsein verankern können und Ihnen die positive Einstellung zur zweiten Natur werden kann.

Konsequent und regelmäßig

Vom Beifahrer zum Fahrer

Fallbeispiel

Eine meiner Kursteilnehmerinnen, Frau Wagner (48), war eine Dame, die keine halben Sachen machte. Obwohl sie große Angst davor hatte, mit dem Wagen auf der Autobahn zu fahren, hatte sie ihren Mann dazu überredet, sie zu meinem Wochenendseminar ins Rheinland zu fahren. »Ich bin es jetzt leid«, erzählte sie. »Ich will jetzt auch auf der Autobahn fahren können, denn dann kann ich meinen Mann endlich mal ablösen, wenn wir mit dem Wagen in den Urlaub fahren!«

Frau Wagner kombinierte sich eine Visualisierungsübung mit einigen positiven Sätzen. Sie stellte sich im Geiste vor, wie sie ruhig und sicher auf die Autobahn auffuhr und dann in aller Ruhe bis zur richtigen Ausfahrt weiterfuhr. »Erst ging es nicht«, berichtete sie am zweiten Tag, »aber dann habe ich es mir in meiner Fantasie erst mal einfacher gemacht, indem ich in meiner Vorstellung die Autobahn geräumt habe, so daß ich sie für mich alleine hatte. Das ging dann, und ich habe langsam auch ein paar andere Autos auf meine imagi-

Gestalten Sie die Visualisierung ganz nach Ihrem Geschmack

näre Autobahn gelassen, während ich auf ihr entlangfuhr.«

Das positive Selbstgespräch, das sich Frau Wagner zusammengestellt hatte, lautete folgendermaßen: »Was andere können, kann ich schon lange. Ich bin eine rücksichtsvolle und geschickte Fahrerin und kann lernen, Autobahnen in aller Ruhe zu benutzen.«

Eine Woche nach dem Seminar bekam ich eine Karte von Frau Wagner. »Auf der Rückfahrt bin ich schon ein Stück auf der Autobahn selber gefahren! Ich kann es noch kaum glauben...«

Allmähliche Desensibilisierung

Phobien systematisch überwinden

Diese Methode eignet sich besonders gut für Phobien vor Dingen und Situationen. Der Ausdruck »allmähliche Desensibilisierung« bedeutet, daß sich jemand seiner Angstsituation behutsam und langsam annähert, bis er sie schließlich überwunden hat. Ein Beispiel hierfür ist Frau Pfeiffer (Seite 76), die ihre Angst vor dem Wasser zu überwinden lernte, indem sie mit Hilfe einer Erfolgsleiter ihr Selbstvertrauen im Schwimmbad langsam aufbaute und so schließlich Erfolg hatte.

Eine Erfolgsleiter ist eine ansteigende Skala von Schwierigkeitsgraden, die aus fünf bis zehn Schritten zum Ziel bestehen sollte. Hier ein Beispiel einer Erfolgsleiter für jemanden, der seine Angst vor dem Liftfahren überwinden möchte.

Beispiel   *Erfolgsleiter »Lift«*
Schritt 1: Zehn Minuten lang in Liftnähe stehen und andere beim Ein- und Aussteigen beobachten.

Schritt 2: Mit einer Freundin/einem Freund zusammen in einen Lift hineingehen, wobei die Freundin/der Freund den Finger auf dem »Tür-Auf«-Knopf läßt, so daß die Tür offen bleibt. Bis Zehn zählen, dabei durch den Bauch atmen und dann den Lift wieder verlassen.

(Sie können sich vorstellen, daß Sie das Üben dieses zweiten Schrittes bei Ihren Mitmenschen nicht gerade beliebt macht, wenn Sie ihn am Samstagmorgen im Einkaufszentrum machen. Suchen Sie sich also einen Tag und eine Tageszeit aus, wo nicht so viel los ist.)

Schritt 3: Mit einer Freundin/einem Freund zusammen in den Lift einsteigen und eine Etage hochfahren. Dabei das richtige Atmen nicht vergessen! Aussteigen und zu Fuß wieder nach unten laufen.

Schritt 4: Mit einer Freundin/einem Freund zusammen zwei Stockwerke hochfahren, dann zu Fuß wieder nach unten.

Schritt 5: Mit einer Freundin/einem Freund zusammen zwei Stockwerke nach oben fahren und dann sofort wieder nach unten fahren.

Schritt 6: Ein Stockwerk alleine hochfahren, während die Freundin/der Freund oben wartet.

Schritt 7: Alleine ein Stockwerk hinauf- und wieder hinunterfahren, während die Freundin/der Freund unten wartet.

Schritt 8: Den Lift alleine benützen, ohne daß die Freundin/der Freund wartet.

Ihr persönliches Erfolgsprogramm

Wiederholen Sie Schritt 1 jeden Tag, bis Sie bei der Durchführung relativ ruhig und gelassen bleiben. Dann erst gehen Sie zu Schritt 2 über usw. Immer erst dann, wenn Sie einen Schritt wirklich beherrschen, sollten Sie mit dem nächsten beginnen.

Bevor Sie sich aber an die praktische Ausführung der einzelnen Schritte machen, sollten Sie sich erst einmal geistig auf den jeweiligen Schritt einstellen. Benutzen Sie dazu Ihre Vorstellungskraft.

So bereiten Sie sich richtig vor

Um sich in die richtige Stimmung zu versetzen, atmen Sie zunächst ein paarmal in aller Ruhe gut durch. Machen Sie dann die Übung »Muskelentspannung« von Seite 69 und schließen Sie »Die Idylle« (S. 76) an. Bleiben Sie danach mit geschlossenen Augen liegen und stellen Sie sich im Geiste vor, wie Sie den entsprechenden Schritt der Erfolgsleiter erfolgreich durchführen.

Sagen wir einmal, Sie haben die Schritte 1 und 2 schon gemeistert und wollen jetzt mit Schritt 3 weitermachen. Nachdem Sie sich entspannt haben, stellen Sie sich also vor, wie Sie *in aller Ruhe* mit einer Begleitung den Lift betreten, wie Sie selber den Knopf für den ersten Stock drücken, wie sich die Tür schließt und Sie der Lift sanft nach oben trägt. Während all dies geschieht, atmen Sie ruhig und unterhalten sich sogar etwas mit Ihrer/Ihrem Bekannten. Dann sehen Sie vor Ihrem geistigen Auge die Lifttür wieder aufgehen, und Sie steigen beide aus. Stellen Sie sich jetzt noch vor, wie fabelhaft Sie sich fühlen. Das war ja ganz einfach!

Lassen Sie sich Zeit

Machen Sie diese Visualisierungsübung erst einmal ein paar Tage lang ganz regelmäßig vor dem Schlafengehen, und erst wenn Sie sich beim Visualisieren ruhig und gelassen fühlen, sollten Sie den Schritt in der Wirklichkeit ausprobieren. Es macht dabei nichts, wenn Sie das Mentaltraining länger als eine Woche durchführen, bevor Sie den Schritt in die Wirklichkeit umsetzen. Jeder Mensch hat sein eigenes Arbeitstempo – setzen Sie sich also nicht unter Zeitdruck.

Der Grund, warum das Visualisieren bei der Angstüberwindung hilft, liegt darin, daß das Unterbewußtsein nicht unterscheiden kann, ob Sie sich etwas nur im Geiste vorgestellt oder es in Wirklichkeit getan haben. Wenn Sie also wiederholt Mentalbilder ins Unterbewußte speichern, dann reagiert Ihr Unterbewußtsein, *als ob Sie die Handlung bereits in Wirklichkeit ausgeführt hätten*. Wenn Sie dann, wie in unserem Beispiel mit der Lift-Phobie, den dritten Schritt machen, dann fühlen Sie sich zwar vielleicht vorher noch etwas nervös, aber im Lift selbst bleibt die Panikreaktion aus, weil Ihnen Ihr Unterbewußtsein signalisiert: »Alles in Ordnung – das haben wir ja schon oft erfolgreich gemacht!« statt »Ach du lieber Himmel, das kann ich doch nie!« Wenn Sie mehr über die Funktionen des Unterbewußtseins erfahren möchten, dann lesen Sie hierzu den Band *Positives Denken*.

Überlisten Sie Ihr Unterbewußtsein

Platzangst im Tunnel

Fallbeispiel

Frau Meister (36) kam mit einer Angst vor dem U-Bahn-Fahren zu mir in die Praxis. »Ich habe panische Angst, daß der Zug in einem Tunnel steckenbleibt«, erzählte sie. »Ich finde es schon schlimm genug, wenn die Türen zugehen – da kriege ich bereits Panikgefühle; aber allein der Gedanke, daß wir außerdem noch im Tunnel steckenbleiben könnten, ist einfach zu viel. Das ist für mich, als wenn ich zweimal eingeschlossen wäre: einmal in der Bahn und dann noch im Tunnel... Ich vermeide die U-Bahn darum um jeden Preis. Lieber gehe ich zu Fuß oder nehme den Bus, egal wie überfüllt er ist.«

Aber dann kam der Umzug ihres Büros in einen anderen Stadtteil, wohin die Busverbindungen nicht gut waren, und Frau Meister mußte jetzt in den sauren Apfel beißen und U-Bahn fahren, wollte sie nicht zwei Stunden früher aufstehen.

Die U-Bahn-Angst war nicht die einzige Belastung, der Frau Meister ausgesetzt war. Auch zu Hause stimmte vieles nicht. Ihr Mann war ein schwieriger und wortkarger Mensch, der trotz seiner Arbeitslosigkeit keinen Handschlag im Haus tat, sondern es seiner Frau überließ, nach Arbeitsschluß noch sämtliche Hausarbeit zu verrichten und den Kindern bei den Hausaufgaben zu helfen. Im Büro stand es ebenfalls nicht zum besten. Die Arbeitsbelastung war enorm, denn die Firma verlangte viel von ihren Mitarbeitern. Frau Meister war mit ihren Nerven am Ende und hatte das Gefühl, einem Zusammenbruch nahe zu sein. Ich schickte sie deshalb zunächst einmal zu ihrem Hausarzt, der sie prompt wegen ihres Erschöpfungszustandes zwei Wochen krank schrieb.

Die »ganz normale« Dreifachbelastung einer berufstätigen Mutter

Frau Meister brauchte eine ganze Weile, bis sie gelernt hatte, sich körperlich und geistig zu entspannen. Ihr Kopf lief auf Hochtouren, selbst wenn sie abends im Bett lag, aber nach drei Sitzungen war es geschafft. Wir arbeiteten nun zweigleisig weiter: Zum einen mußte Frau Meister ihrer U-Bahn-Angst zu Leibe rücken, zum anderen war es aber auch nötig, ihr Selbstvertrauen zu stärken, so daß sie ihrem Göttergatten etwas entgegensetzen konnte. Während sich ihr Selbstbewußtsein allmählich stärkte, arbeiteten wir mit folgender Erfolgsleiter an ihrer Angst:

Schritt 1: Auf einer Bank in der U-Bahnstation sitzen und dem Kommen und Gehen anderer Passagiere zuschauen.

Schritt 2: Mit einer Bekannten/einem Bekannten zusammen einsteigen und eine Station fahren.

Schritt 3: Mit einer Bekannten/einem Bekannten drei Stationen fahren und ein Klappfenster aufmachen, um Luft ins Abteil zu lassen.

Fünf Schritte zum Erfolg

Schritt 4: Alleine mehrere Stationen fahren und am anderen Ende von der Bekannten/dem Bekannten abgeholt werden.

Schritt 5: Mehrere Stationen fahren, ein Klappfenster aufmachen, einen Mitreisenden nach der Uhrzeit fragen und einen Abschnitt in einer Zeitschrift lesen.

Als Hausaufgabe sollte Frau Meister erst jeden Schritt visualisieren, nachdem sie sich entspannt hatte. Eine Freundin bot sich an, ihr bei den Schritten zu helfen, und das ging zu Frau Meisters Überraschung viel einfacher, als sie erwartet hatte. Auch zu Hause änderte sich einiges. Frau Meister wurde energischer und konnte ihren Mann zu größerer Unterstützung bewegen. – »Ich habe endlich wieder das Gefühl, mein Leben unter Kontrolle zu haben«, meinte sie in unserer letzten Sitzung. »Ich kann mich jetzt zu Hause und auch bei der Arbeit viel besser durchsetzen, und die U-Bahn hat ihren Schrecken für mich verloren.«

Das eigene Leben endlich selbst bestimmen

NLP

Diese Methode wurde in den siebziger Jahren in Amerika von John Grinder und Richard Bandler entwickelt und erfreut sich seither weit über den englischsprachigen Raum hinaus größter Beliebtheit. Ich habe NLP in diesen Band mit aufgenommen, da es sich hervorragend zur Selbsthilfe eignet.

NLP schafft neue, positive Assoziationen

NLP ist die Abkürzung des englischen Begriffes »Neuro-Linguistic Programming« und beschäftigt sich mit der Art und Weise, wie jeder einzelne von uns auf seine ganz eigene Art versucht, Resultate zu erzielen. Die beiden Methoden, die ich Ihnen hier aus dem NLP-Programm vorstellen möchte, benutzen die Vorstellungskraft des einzelnen, um negative Verbindungen zwischen Gedanken und Gefühlen aufzulösen (»Es ist furchtbar gefährlich, Autobahn zu fahren«: Autobahn = gefährlich) und sie durch positive Verbindungen (»Autobahnfahren macht Spaß: Autobahn = Spaß haben) zu ersetzen. Diese neue positive Gedankenkonstellation hat einen direkten beruhigenden Effekt auf die Gefühle, und entsprechend erfolgreich sind dann auch die Ergebnisse.

Übung   **»Swish« – der mentale Scheibenwischer**

Nehmen wir einmal an, Sie haben Angst vor einem Arbeitskollegen. Gehen Sie jetzt folgendermaßen vor:

a) *Vorbereitung:* Setzen Sie sich bequem hin und schließen Sie die Augen.

b) *Das negative Bild*: Stellen Sie sich einen Bildschirm vor, auf dem Sie sich in der schwierigen Situation sehen, *wie Sie nicht sein wollen.*
(Sie sehen sich im Gespräch mit dem Kollegen auf dem Bildschirm, ängstlich und verklemmt.)
Fühlen Sie auch gleichzeitig all die unangenehmen Gefühle, die mit dieser Situation einhergehen.

c) Wischen Sie den geistigen Bildschirm wieder blank und machen Sie die Augen wieder auf.

d) *Das positive Bild*: Schließen Sie die Augen wieder und projizieren Sie ein Bild auf den inneren Bildschirm, in dem Sie in der gleichen Situation zu sehen sind, aber diesmal so, wie Sie gerne sein wollen.

(Sie sehen sich im Gespräch mit dem Kollegen, entspannt und selbstsicher.)

Gehen Sie nun in den Bildschirm hinein und fühlen Sie all die angenehmen Gefühle, die jetzt mit der Situation einhergehen. Genießen Sie diese positiven Gefühle einmal so richtig.

Stellen Sie sich vor, daß Sie im Gespräch entspannt und selbstsicher sind.

e) Kommen Sie wieder aus dem Bildschirm heraus und wischen Sie den Bildschirm blank. Öffnen Sie die Augen wieder.

Hauptübung

1. Schließen Sie die Augen und projizieren Sie jetzt das negative Bild *in Schwarzweiß* auf den Bildschirm und kleben Sie das positive Bild *in Farbe* wie eine Briefmarke in die obere rechte Ecke.

Eine sehr wirkungsvolle Methode

2. Ziehen Sie jetzt das kleine positive Bild *sehr schnell* über den ganzen Bildschirm, so daß es das negative Bild ganz überdeckt.

3. Halten Sie das positive Bild einen Moment, dann wischen Sie den Bildschirm wieder blank.

4. Machen Sie die Augen auf und gleich wieder zu.

Wiederholen Sie Schritt 1 bis 4 noch fünf Mal, machen Sie aber mit jedem Mal das negative Bild kleiner, wenn Sie es auf den Bildschirm projizieren, bis es nur noch ein

kleines Rechteck in der Bildschirmmitte ist. Gleichzeitig lassen Sie das positive Bild bei jeder Projektion in immer leuchtenderen Farben auf dem Bildschirm erstrahlen.

Abschlußtest Während Sie auf den blanken Bildschirm schauen, stellen Sie sich vor, Sie hätten eine Fernbedienung mit einer Test-Taste. Drücken Sie die Taste und prüfen Sie, welches Bild jetzt auf dem Bildschirm erscheint. Sie sollten jetzt das positive Bild sehen.

Üben Sie ruhig, bis Sie sich ganz sicher sind Eventuell müssen Sie diese Übung mehrere Male durchführen, bevor Sie eine Verbesserung Ihres Selbstvertrauens in der wirklichen Situation feststellen. Bei vielen Menschen funktioniert es aber schon nach dem ersten Mal Üben.

Wichtig ist, daß Sie das positive Bild so wählen, daß Sie beim Hineingehen in den Bildschirm (siehe »Das positive Bild«, Punkt d) ein gutes Gefühl im Körper spüren.

Niedergeschlagenheit wie weggewischt!

Frau Kurz (70) fühlte sich des öfteren niedergeschlagen, seitdem ihr Mann gestorben war und es ihr gesundheitlich nicht mehr besonders gut ging.

Sie konnte sich allerdings kein Bild vorstellen, das sie deprimiert darstellte, also bat ich sie, mir zu beschreiben, wie die Depression als Person aussähe. Sie beschrieb daraufhin eine alte Frau mit Buckel, die sich auf einen Stock stützte und miesepetrig vor sich hin murmelte. Dann bat ich sie, mir ein Bild zu schildern, bei dessen Anblick sie lächeln müsse. Frau Kurz beschrieb ein Bild, auf dem ihre beiden kleinen Urenkel zu sehen waren. Mit diesen Bildern führten wir dann die Scheibenwischerübung durch, wobei das Lächeln auf dem Gesicht von Frau Kurz immer breiter wurde.

Schöne Erinnerungen geben ein gutes Gefühl

Nach unserer Sitzung führte Frau Kurz die Scheibenwischer-Übung dreimal täglich zu Hause durch, und schon bald stellten sich die ersten erfreulichen Veränderungen ein. Das positive Bild hatte sie daran erinnert, daß sie schon lange nicht mehr die alten Fotos von ihren eigenen Kindern angesehen hatte. Dieser Zeitvertreib tat ihr sehr gut, denn mit dem Betrachten der Fotos stellten sich viele schöne Erinnerungen ein, und Frau Kurz lebte langsam wieder auf.

Eine andere Methode, die ehemals deprimierende oder furchterregende Situation mit guten Gefühlen zu besetzen, ist das »Ankern«.

Der Entspannungsanker

Übung

1. Setzen Sie sich bequem hin und schließen Sie die Augen.
2. Denken Sie an ein Erlebnis aus der Vergangenheit, bei dem Sie sich sehr wohl und entspannt gefühlt haben,

zum Beispiel an einen Urlaub, an ein Treffen mit einer guten Freundin/einem guten Freund, an einen Spaziergang mit Ihrem Hund, oder einfach daran, abends im Bett zu liegen und einzuschlafen. Erinnern Sie sich in allen Einzelheiten an dieses entspannende Erlebnis, so daß Sie innerlich die Ruhe und Freude nachempfinden können, die mit diesem Erlebnis einhergingen.

Entspannungs-anker

3. Sobald Sie das gute Gefühl in sich fühlen können, drücken Sie die Fingerspitzen von Daumen und Mittelfinger zusammen, so daß diese einen Ring bilden. Sie können das nur mit einer Hand tun oder auch mit beiden. Halten Sie die Finger 30 Sekunden lang in dieser Position, dann entspannen Sie die Hand/die Hände wieder.

4. Testen Sie jetzt, ob Ihr Anker funktioniert. Denken Sie an etwas, das Ihnen normalerweise Angst macht und drücken Sie gleichzeitig Ihre Fingerspitzen zum Entspannungsanker zusammen. Sie sollten jetzt ein neutrales Körpergefühl haben, auch wenn Sie an etwas Beängstigendes denken.

Dieses Zusammendrücken von Fingerspitzen ist jetzt Ihr Entspannungsanker. Wenn Sie sich das nächste Mal in einer beängstigenden Situation befinden, dann drücken Sie einfach Daumen- und Mittelfingerspitzen zusammen, um die damit verbundenen Entspannungsgefühle hervorzurufen.

Tip 1   Manche Leute brauchen mehrere Anker, um genügend Entspannungspotential zu speichern. Erinnern Sie sich dazu einfach an weitere zwei oder drei angenehme Erlebnisse und ankern Sie sie auf die gleiche Weise wie in Schritt 2 und 3 beschrieben.

Die Geste des Fingerzusammenlegens wird dadurch noch stärker mit einem positiven Gefühl besetzt.

Tip 2 Sie können Ihren Anker auch mit einer anderen Geste ausdrücken. Manche Menschen fassen sich mit einer Hand an den Ellbogen des anderen Arms, andere wiederum legen sich als Anker eine Hand auf den Bauch. Denken Sie nur daran, daß der Anker möglichst unauffällig sein sollte, damit Sie zum Beispiel in der Geschäftssitzung nicht argwöhnisch von den Kollegen angesehen werden, weil Sie sich ständig ein Ohrläppchen langziehen …

Unauffällige
Gesten

Sowohl die Scheibenwischer-Übung als auch der Entspannungsanker müssen sorgfältig durchgeführt werden, damit sie später auch funktionieren. Machen Sie die jeweilige Übung erst dann, wenn Sie sich die Anweisungen genau durchgelesen haben; Ihre Erfolgschancen sind dann wesentlich größer.

Ohne Streß geht's auch

Fallbeispiel

Herr Neumann (48) fühlte sich morgens immer sehr nervös, besonders während der Woche, wenn er ins Büro mußte. Sobald er aufwachte, fing sein Herz an zu rasen, und er verspürte ein flaues Gefühl in der Magengrube. »Ich bin sehr ehrgeizig und habe einen verantwortungsvollen Posten«, erzählte er. »Wenn ich erst mal bei der Arbeit bin, geht es mir gut, weil ich dann etwas tun kann. Je aktiver ich bin, desto weniger Angst habe ich. Sobald ich mit der Arbeit anfange, verfliegt meine Angst. Darum ärgert es mich ja so, daß ich jeden Morgen diese Angstgefühle habe; am Ende schaffe ich doch immer alles gut.«

Herr Neumann lernte zunächst, sich zu entspannen, und dann legten wir ihm einen Anker für ein Gefühl der Ruhe und Ausgeglichenheit. Als Grundlage für den Anker benützte er die Erfahrung der Stille und Entspanntheit, die er schon früher beim Angeln gemacht hatte. Er testete den Anker, indem er sich das morgendliche Aufwachen vorstellte und dabei seinen Anker benutzte. »Komisch«, meinte er, »irgendwie scheint der Anker diese nervösen Gefühle abzuschalten.«

Auch in der Wirklichkeit bewährte sich die Methode. Sobald Herr Neumann morgens die Augen aufschlug, drückte er Mittelfinger und Daumen zusammen, und die unangenehmen Gefühle verschwanden. »Nicht zu fassen«, lachte er, »so einfach geht das – mit nur einer Handbewegung!«

Parabeln – Bilder, die heilen

Märchen gehen immer gut aus, das weiß jedes Kind. Egal, wie viele Probleme der Held meistern muß, am Ende gewinnt doch immer Gut über Böse, Mensch über Monster.

Manchmal gewinnt der Held durch List, manchmal durch Mut und manchmal durch seinen guten Charakter. Und selbst in den Märchen, in denen der Held nicht mehr alleine weiter kann, kommt alles doch noch zu einem guten Ende, weil von irgendwoher eine gute Fee oder ein Ritter auftaucht, der alles wieder ins Lot bringt.

Vielleicht meinen Sie jetzt, daß Sie als Erwachsener für diesen »Kinderkram« schon zu »groß« sind – Tatsache ist aber, daß das Märchenkonzept bei der Angstbewältigung sehr nützlich sein kann. Hier zunächst einmal eine Übung.

Wie sieht Ihr Angst-Monster aus?

1. Machen Sie es sich bequem und schließen Sie die Augen.
2. Denken Sie jetzt an Ihre Angst. Wenn Sie Ihre Angst aus Ihrem Körper herausnehmen und sie als Märchenfigur darstellen könnten, welche Gestalt hätte dann Ihre Angst?

Wenn ich diese Übung mit Klienten in meiner Praxis mache, dann wimmelt es nur so von Angst-Monstern, Ungeheuern, buckligen Hexen, Giftzwergen und bösen Feen. Dabei brauchen diese Figuren keineswegs aus bekannten Märchen zu kommen – manche Klienten erfinden ganz spontan eine Figur, die ihrer Fantasie in dem Moment entspringt.

Packen Sie Ihre Angst in eine Figur

Freunden Sie sich mit Ihrem Monster an

Überlegen Sie, wie Sie Ihr rumorendes Monster beruhigen können. Hier einige Vorschläge:

- Geben Sie ihm etwas zu essen.
- Kämmen Sie ihm die Haare.
- Machen Sie es hübscher.
- Geben Sie ihm schöne oder lustige Kleider zum Anziehen.
- Nehmen Sie ihm den Zauberstab weg und geben Sie ihm statt dessen eine Blume in die Hand.
- Streicheln Sie ihm die Hand/die Pfote.

Hier sind einige Beispiele, mit denen meine Klienten ihre Monster in den Griff bekamen.

- Klaus hatte Angst vor seinem Monster, traute sich dann aber doch, ihm etwas zu fressen zu geben, wodurch das Monster sanftmütiger wurde.

■ Ingrid ekelte sich vor ihrem Monster, überwand sich aber dann, es mit Shampoo zu waschen, so daß es besser roch.

■ Herr Gropius verpaßte seiner Hexe eine Schönheitsoperation, die sie wie Pamela Anderson aussehen ließ.

■ Renate steckte ihren einäugigen Riesen in einen Designeranzug und gab ihm ein zweites Auge.

Seien Sie gut zu Ihrem Monster – und es wird gut zu Ihnen sein

■ Britta schnappte sich den Zauberstab ihrer bösen Fee, zerbrach ihn in Stücke und gab der Fee einen »positiven« Zauberstab, der bei jedem Schwenken Gutes bescherte.

■ Karin merkte, daß ihr Monster nur deswegen so viel Rabatz machte, weil es sich einsam fühlte. Sie hielt ihm in Gedanken immer wieder die Hand, und schon bald verschwand die Angst.

In jedem dieser Fälle verlor das Angst-Monster seinen Schrecken für den Klienten, was sich in größerer Ausgeglichenheit und Selbstsicherheit im Alltag zu äußern begann.

Wenn Sie erst einmal mit den zwei Übungen Kontakt zu Ihrem inneren Monster hergestellt haben, dann arbeiten Sie folgendermaßen weiter.

Übung   ***Überreden Sie Ihr Monster zur Zusammenarbeit***
Machen Sie auch diese Übung wieder mit geschlossenen Augen. Sprechen Sie mit Ihrem Monster und überreden Sie es, von jetzt an *für* statt *gegen* Sie zu arbeiten. Loben Sie es dafür, daß es so fleißig arbeitet, und bieten Sie ihm einen neuen Job an.

Herr Heidrich beispielsweise versicherte seinem »Glöckner von Notre Dame«, daß er sehr gut arbeite. Er bot ihm daher einen Posten als Direktor für Sicherheitsfragen an, mit eigenem Büro und großem Schreibtisch in Herrn Heidrichs Kopf. Als Gegenleistung hatte »Herr Glöckner« jetzt die Aufgabe, nur bei echten Gefahrensituationen aktiv zu werden, statt Herrn Heidrich bei jeder Kleinigkeit nervös und ängstlich zu machen.

Der »Glöckner« macht Karriere

Es rasselt auf dem Rücksitz

Fallbeispiel

Frau Berger (30) fuhr gar nicht gerne Auto. Sie hatte eine Heidenangst, den Motor abzuwürgen, wenn sie im Verkehrsgewühl steckte, und dann wütendes Hupen auf sich zu ziehen. Also drückte sie sich vor dem Autofahren, wo immer sie konnte. Diese Angst beschnitt aber ihre Bewegungsfreiheit ganz entschieden, besonders jetzt, da ihre beiden Töchter auf Schulen gingen, die mit öffentlichen Verkehrsmitteln nur schwer zu erreichen waren.

Auf meine Frage, wie denn ihre Angst als Märchenfigur aussähe, stellte sich Frau Berger ein haariges fettes Ungeheuer vor, das ständig brabbelte und angsterregende, fremdartige Laute ausstieß, während sie Auto fuhr. Durch dieses Ungeheuer wurde sie ganz nervös im Verkehr.

Ich bat meine Klientin, ihre Augen weiterhin geschlossen zu halten und mir einmal zu beschreiben, welche Gefühle sie dem Ungeheuer gegenüber hegte, wenn sie es anschaute. »Abscheu«, meinte Frau Berger. »Es ist so eklig, die Haare sind verfilzt und es stößt dauernd solche Affenschreie aus, die mich wahnsinnig erschrecken.« Ich erklärte meiner Klientin, daß das Ungeheuer wahrscheinlich nur ihre Aufmerksamkeit auf sich ziehen wollte. »Und weil Sie ihm diese Aufmerksamkeit nicht gewähren, meutert es und macht Lärm.«

Aufmerksamkeit

Frau Berger sollte sich nun dem Ungeheuer in Gedanken nähern und sich dabei überlegen, wie sie es etwas präsentabler herrichten könnte. Meine Klientin entschloß sich, ihr Ungeheuer in der Wanne kräftig zu schrubben, bis es sauber war. »Er ist zwar immer noch häßlich, aber jetzt sieht er wenigstens gepflegt aus. Außerdem scheint er in der Wäsche geschrumpft zu sein – er kommt mir jetzt viel kleiner vor.«

Handzahmes Monster

Zuletzt setzte meine Klientin ihrem Ungeheuer ein rosa Babymützchen auf, und bei dem Gedanken mußte sie lachen. Sie beschloß, es bei Autofahrten in einen imaginären Kindersitz auf dem Rücksitz zu schnallen, wo es mit einer Rassel klappern durfte.

Mit Hilfe dieser Methode stellte sich bei Frau Berger eine erstaunliche Verminderung ihrer Angst vor dem Autofahren ein. »Wenn ich nervös bin, denke ich jetzt: ›Ach, der Kleine rasselt mal wieder hinten in seinem Kindersitz!‹ Das bringt mich dann zum Lachen und ich ent-

Angst vor dem Autofahren muß nicht sein.

spanne mich.« Schon bald konnte Frau Berger in aller Ruhe Auto fahren, wohin sie wollte, ohne daß sie das beunruhigte.

Sollte Ihr Monster besonders stur oder penetrant sein, dann können Sie sich mit folgender Übung helfen:

Verschaffen Sie sich Respekt

Übung

1. Setzen Sie sich bequem hin und schließen Sie die Augen.
2. Fordern Sie Ihr Monster zum Zweikampf heraus, den Sie natürlich gewinnen. Lassen Sie einmal so richtig Dampf ab und verhauen Sie das Monster gedanklich nach Strich und Faden. Das können Sie auch als Frau ruhig tun!
3. Schütteln Sie sich jetzt die Hände und setzen Sie sich noch einmal am Verhandlungstisch zusammen.
4. Verhandeln Sie jetzt konstruktiveres Verhalten mit Ihrem Monster. Ihr Monster kann Sie zum Beispiel ermutigen, anstatt Sie herunterzumachen, oder es kann in schwierigen Situationen auf *ruhige* Art mit Ihnen sprechen, anstatt zu schreien.

Bezwingen Sie Ihr Monster

Weitere Hilfe

Was ist, wenn Sie trotz regelmäßiger Anwendung der in diesem Buch beschriebenen Übungen Ihre Angst nicht loswerden können? Heißt das dann, daß Sie ein hoffnungsloser Fall sind?

Nein, keineswegs. Sollten Sie alleine nicht weiterkommen, dann kann der Gang zum Therapeuten den Heilungsprozeß wesentlich beschleunigen. Manchmal kann es einfach sein, daß es Ihnen Ihre negativen Lebenserfahrungen schwermachen, sich aus dem Spinnennetz der Angst zu befreien. Gott sei Dank ist es ja heutzutage keine Schande mehr, sich in Therapie zu begeben. Wenn Sie sich bei dem Gedanken trotzdem unwohl fühlen, dann erzählen Sie es eben einfach keinem – es ist ja schließlich Ihre Privatsache!

Keine Scham wegen einer Therapie

Sehen Sie Therapie doch einfach als etwas ganz Normales an. Sehr viele Menschen brauchen irgendwann einmal im Leben fachmännische Hilfe, um mit ihren Gefühlen klarzukommen. Wer sich in Therapie begibt, beweist Intelligenz und gesunden Menschenverstand. Es ist sinnvoller, in Behandlung zu gehen, als still vor sich hin zu leiden. Wenn Ihre Waschmaschine zu Hause streikt und Sie mit der Gebrauchsanweisung nicht weiterkommen, dann setzen Sie sich schließlich auch nicht traurig vor Ihre Waschmaschine und hoffen, daß sie auf einmal wieder geht. Statt dessen rufen Sie einen Fachmann an, der etwas von Waschmaschinen versteht und der das Ding wieder in Ordnung bringt!

Knochenbrüche verarzten Sie auch nicht selbst

Genau so ist es auch mit der Psychotherapie. Das vorliegende Buch ist Ihre Gebrauchsanweisung zur Angstüberwindung. Machen Sie die Übungen regelmäßig für mindestens drei Wochen – das Buch nur durchzulesen nützt *überhaupt nichts* – und wenn Sie in diesem Zeitraum wirklich gar keine Fortschritte gemacht haben, dann holen Sie sich die Fachfrau oder den Fachmann zu Hilfe.

Die Suche ist gar nicht so schwer. Die meisten Krankenkassen haben eine Beratungsstelle, in der ausgebildete Psychotherapeuten mit Ihnen zusammen die geeignete Therapie heraussuchen und Sie an die entsprechenden Experten weiterverweisen. Sie können sich auch an Ihren

Hausarzt wenden, der vielleicht sogar eine Zusatzausbildung in Psychotherapie hat. Sollte der Hausarzt selber nicht helfen können, wird er Sie an einen Facharzt überweisen, etwa einen Psychiater oder einen Neurologen. Es steht Ihnen aber auch frei, sich auf eigene Faust einen Psychotherapeuten zu suchen, wenn Sie das lieber möchten, wobei Sie dann allerdings die Kosten der Behandlung privat tragen müssen.

Hier einige kurze Beschreibungen der meistangewandten Therapien:

Fragen Sie Ihre Krankenkasse nach einem Zuschuß

Psychoanalyse

Die Psychoanalyse ist eine Langzeittherapie, die sich oft über viele Jahre erstreckt und oft mehr als nur eine Sitzung in der Woche erfordert. Dabei wird der Klient aufgefordert, frei zu assoziieren, das heißt, ganz frei über das zu sprechen, was ihm gerade durch den Kopf geht. Durch diesen freien Assoziationsfluß sollen die unbewußten Gründe für die Angst entdeckt werden.

Der Psychoanalytiker spricht in den Sitzungen gewöhnlich kaum oder gar nicht.

Die Psychoanalyse erstreckt sich oft über Jahre

Verhaltenstherapie

In der Verhaltenstherapie liegt der Schwerpunkt weniger darauf, die Ursachen der Angst aufzuspüren, als vielmehr darauf, das Verhalten zu verändern. Ein Verhaltenstherapeut würde seinen Klienten zum Beispiel mit Desensitivierungsmethoden (s. S. 84) helfen und ihn dazu anleiten, seine gegenwärtigen Probleme aus einem anderen Blickwinkel zu betrachten.

Der Verhaltenstherapeut leitet seinen Klienten aktiv in den Sitzungen an.

Gestalttherapie

In der Gestalttherapie wird dem Klienten geholfen, gegensätzliche Teile seiner Persönlichkeit miteinander in Einklang zu bringen. Dabei hilft der Therapeut dem Klienten, sich seiner gegenwärtigen Gefühle bewußt zu werden und innere Konflikte verbal auszudrücken.

Der Therapeut hilft zu verbalisieren

Auch das Rollenspiel gehört zu dieser Therapieform. Der Klient wird ermutigt, sich in eine Person hineinzuversetzen, die etwas kann, was er noch nicht kann.

Der Therapeut nimmt aktiv an den Sitzungen teil.

Transaktionsanalyse (TA)

Das Kind im Erwachsenen

TA basiert auf der Annahme, daß viele Menschen an einem Minderwertigkeitskomplex leiden und sich abhängig und »klein« fühlen, obwohl sie schon erwachsen sind. Das Ziel der TA besteht darin, dem Klienten dazu zu verhelfen, sich seinen Mitmenschen gegenüber gleichwertig zu fühlen und eigenverantwortlich zu handeln.

Der Therapeut leitet seinen Klienten aktiv in den Sitzungen an.

Suggestionstherapie (Hypnose)

Hierbei ist der Klient passiv, während der Hypnosetherapeut ihm hilft, sich körperlich zu entspannen und geistig zu konzentrieren. Wenn sich der Klient erst einmal in

Hypnose befindet, suggeriert der Therapeut die Vorstellung, daß sich die Angst auflöst und sich der Klient wieder frei und entspannt in der vormals schwierigen Situation bewegen kann.

In der Suggestionstherapie übernimmt der Therapeut die Führung.

Analytische Hypnosetherapie

Hierbei hilft der Hypnosetherapeut dem Klienten, die Gründe für sein Angstproblem aufzuspüren, indem er ihn anleitet, seine Gedanken zum ersten Auftreten der Angst zurückschweifen zu lassen. Ist die Ursache erst einmal aufgedeckt, dann werden die alten Erinnerungen mit Hilfe von Suggestionen, NLP (s. S. 89) oder Methoden aus der Gestalttherapie verarbeitet, so daß sich die Angst auflösen kann.

In der analytischen Hypnosetherapie wirkt der Therapeut aktiv in den Sitzungen mit.

Hier noch einige Tips, an die Sie sich halten sollten, wenn Sie sich in therapeutische Behandlung begeben wollen:

Tip 1   Therapeut oder Therapeutin?
Sie sollten sich überlegen, ob Sie lieber zu einem Therapeuten oder zu einer Therapeutin in Behandlung gehen möchten. Lassen Sie die Geschlechterfrage aber letztendlich nicht das Ausschlaggebende sein. Selbst wenn Sie beispielsweise lieber von einer Therapeutin behandelt werden wollten, kann es natürlich durchaus sein, daß Sie auch bei einem verständnisvollen Therapeuten gut aufgehoben sind.

Tip 2   Gruppentherapie oder Einzelsitzungen?
Es kann gut sein, daß Ihnen Ihre Krankenkasse oder ein
überweisender Arzt diese Entscheidung abnimmt. Trotzdem lohnt es sich, einmal darüber nachzudenken, ob Sie
es vorziehen würden, eine Einzelbehandlung zu machen
oder sich einer Therapiegruppe anzuschließen. Wenn Sie
dann nach Ihrer Präferenz gefragt werden, wissen Sie bereits, was Sie wollen.

Tip 3   Bestehen Sie stets auf ein persönliches Einführungsge-
         spräch

Ein Erstge-
spräch ist ganz
wichtig

Suchen Sie sich Ihren Therapeuten nicht übers Telefon
aus! Verabreden Sie ein Einführungsgespräch, in dem Sie
kurz über Ihr Problem Auskunft geben und in dem Sie
Fragen, die Sie bezüglich der Therapie haben, klären
können.

Tip 4   Vertrauen Sie Ihrem Gefühl

Vertrauen ist
unverzichtbar

Therapeuten sind auch nur Menschen, und wenn Ihnen
der Therapeut von seiner Art her nicht zusagt, dann fangen Sie bei ihm/ihr gar nicht erst eine Behandlung an.
Therapie ist Vertrauenssache, und wenn Ihnen der Therapeut unsympathisch ist, dann werden Sie nicht gut mit
ihm oder ihr zusammenarbeiten.

Tip 5   Bleiben Sie am Ball!
Besonders, wenn Themen in der Therapie aufkommen,
die Ihnen unangenehm sind, kann die Versuchung groß
sein, die Therapie abzubrechen. Tun Sie es nicht! Die Tatsache, daß Ihnen ein Thema peinlich ist, zeigt, daß hier
der Hase im Pfeffer liegt. Durchhalten – es lohnt sich. Die
Dinge aus der Vergangenheit, denen wir uns nicht stellen
wollen, laufen solange hinter uns her, bis sie uns einge-
holt haben.

Tip 6   Der Klügere gibt nach und geht in Therapie
Denken Sie immer daran: Es ist ein Zeichen von Intelligenz, nicht von Schwäche, sich helfen zu lassen, wenn man alleine nicht weiterkommt.

Niemand braucht mit Angst zu leben, auch Sie nicht. Unternehmen Sie also gleich heute etwas, damit Ihr Leben so bald wie möglich wieder Spaß macht, denn das steht Ihnen rechtmäßig zu!

Fassen Sie sich ein Herz!

Medikamente

Obwohl Medikamente kein Ersatz für Psychotherapie sind, können sie dennoch manchmal notwendig werden, wenn es Ihnen besonders schlecht geht. Es kann sein, daß Ihre Angstsymptome so gravierend sind, daß Sie kein normales Leben mehr führen können. In derart schweren Fällen wird Ihnen Ihr Hausarzt wahrscheinlich ein Medikament verschreiben, das Ihnen hilft, wieder ruhiger zu werden.

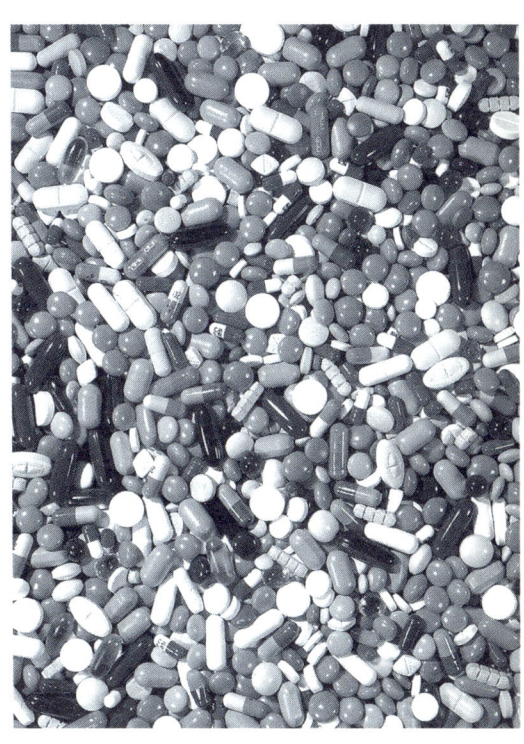

Wenn Beruhigungsmittel über einen kurzen Zeitraum genommen werden und somit lediglich der Überbrückung für einige Wochen dienen, bis Sie das Schlimmste hinter sich haben, dann ist das durchaus vertretbar. Wer dagegen Beruhigungsmittel über lange Zeit einnimmt, der kann von ihnen abhängig werden.

Bauen Sie nicht auf Medikamente allein.

Manche Medikamente verlieren auch nach einer Weile ihre beruhigende Wirkung.

Während früher Barbiturate bei starken Angstzuständen eingesetzt wurden, ist es heute eher üblich, leichtere Tranquilizer oder Antidepressiva zu verschreiben. Aber auch leichtere Beruhigungsmedikamente können oft unangenehme Nebenwirkungen haben.

In der folgenden Liste finden Sie häufig auftretende Symptome:

- Schwindelgefühle
- Übelkeit
- trockener Mund
- Erschöpfung
- gestörte Konzentrationsfähigkeit
- Verstopfung
- Herzrasen
- verschwommenes Sehvermögen
- Herzrhythmusstörungen
- Zittern
- niedriger Blutdruck

Fragen Sie Ihren Arzt

In einigen Fällen können Medikamente Ihre Angstsymptome verstärken, bevor der Beruhigungseffekt einsetzt. Aus diesem Grunde sollten Sie Ihrem Arzt ein paar Fragen stellen, wenn er Ihnen die Einnahme von Beruhigungsmitteln vorschlägt:

- Mit welchen Risiken und eventuellen Nebenwirkungen müssen Sie bei Einnahme des vorgeschlagenen Medikaments rechnen?

- Welche Wirkung verspricht sich der Arzt von diesem Medikament?

- Kann dieses Medikament Ihre Fahrtüchtigkeit beeinflussen?

- Über welchen Zeitraum sollten Sie das Medikament nach Meinung des Arztes nehmen?

- Sind Entzugserscheinungen zu erwarten, wenn Sie das Medikament später absetzen?

Wenn Sie im Moment Beruhigungsmittel nehmen, die Ihnen Ihr Arzt verschrieben hat, dann sollten Sie diese *auf keinen Fall* plötzlich absetzen! Sprechen Sie zuerst mit Ihrem Arzt. Er kann Ihnen sagen, wie Sie das Medikament langsam über mehrere Wochen oder Monate hinweg absetzen können. Wenn Sie von einem Tag auf den anderen mit der Einnahme aufhören, erleiden Sie unter Umständen schwere Entzugserscheinungen, die Sie wieder völlig aus der Bahn werfen können.

Setzen Sie Medikamente nicht abrupt ab

Wie Freunde und Verwandte helfen können

Für einen Angstleidenden ist es oft sehr hilfreich, wenn er offen mit einem nahestehenden Menschen über seine Angst sprechen kann. So mancher, der unter einer Phobie oder Angstzuständen leidet, schämt sich wegen seines Problems und spricht deshalb mit niemandem darüber. Aus diesem Grund kann es manchmal geradezu befreiend sein, wenn das Problem »herauskommt«, so daß man es nicht mehr zu verstecken braucht.

Suchen Sie das Gespräch

Gespräche helfen zwar, aber sie sind nur begrenzt von Nutzen. Als Verwandter oder Freund können Sie moralische Unterstützung anbieten, den Gang zum Psychotherapeuten jedoch nicht ersetzen. Seien Sie also verständnisvoll und hilfsbereit, aber werden Sie nicht zur Krücke für Ihren ängstlichen Mitmenschen, denn dann machen Sie ihn von Ihrer Hilfeleistung abhängig. Das wiederum kann zu einer ungesunden und für Sie belastenden Abhängigkeit führen, die Ihre Freundschaft und Hilfsbereitschaft auf eine harte Probe stellt, ohne daß aber dabei das eigentliche Problem gelöst wird.

Das Beste, das Sie für Ihren angstvollen Mitmenschen tun können, ist, ihn zum Psychologen zu schicken. Je mehr Sie ihm helfen, desto weniger braucht er alleine an seinem Problem zu arbeiten.

| Fallbeispiel | **Rettungsmannschaft Familie** |

Frau Gese (27) wohnt noch zu Hause bei ihrer verwitweten Mutter (58), die an Agoraphobie leidet. Mit im Haus lebt auch noch die Großmutter (78), die sich mit Frau Gese die Hausarbeiten und das Einkaufen teilt. Frau Geses Mutter hat ihre Platzangst schon seit zwanzig Jahren, seit ihr Mann gestorben war. »Anfangs war ihre Angst noch nicht so schlimm«, erinnert sich Frau Gese. »Ich war ja noch ziemlich klein, als mein Vater starb. Damals konnte meine Mutter noch das Haus verlassen, solange jemand mit ihr ging. Im Laufe der Jahre wurde ihre Angst aber immer größer, und jetzt war sie schon bestimmt seit zehn Jahren nicht mehr vor der Haustür.«

Frau Gese arbeitet ganztags und hat einen Freund. Sie ist hin- und hergerissen: Sie möchte heiraten, will aber die Mutter und die alternde Großmutter nicht alleine lassen. »Es ist ein echtes Dilemma«, erzählt Frau Gese. »Seit Jahren schlage ich ihr vor, zum Therapeuten zu gehen, aber dazu müßte sie natürlich das Haus verlassen, und gerade davor hat sie ja Angst.«

Schließlich beschließt Frau Gese, auszuziehen und von ihrem Gehalt eine Haushaltshilfe zu bezahlen, die täglich einkauft, kocht und putzt.

Machen Sie Ihren Freund oder Verwandten nicht dauernd auf sein Problem aufmerksam, indem Sie fragen, »Schaffst du das denn, wenn wir jetzt rausgehen?« oder »Ist das Herzklopfen heute wieder besonders schlimm?« Das zieht nur die Aufmerksamkeit auf das Problem, und wenn der andere gerade *kein* Herzrasen hatte, dann haben Sie ihn garantiert gerade auf den Gedanken gebracht und er bekommt aus lauter Besorgnis wirklich Herzklopfen!

Sollten Sie plötzlich mit einer Situation konfrontiert werden, in der Ihr Freund oder Verwandter aus Angst hysterisch wird oder eine Angstattacke bekommt, dann verhalten Sie sich am besten folgendermaßen:

So können Sie helfen

— Wenn Ihr Freund zum Beispiel aus einem geschlossenen Raum, etwa einem Theater oder Kino, plötzlich heraus will, dann halten Sie ihn auf keinen Fall zurück. Verlassen Sie die Lokalität mit ihm, so schnell es geht.

— Wenn jemand hysterisch wird, weil er zum Beispiel in einer U-Bahn Platzangst bekommt, es aber im Moment nicht möglich ist, die U-Bahn zu verlassen, dann reden Sie auf ihn ein, indem Sie ständig das Gleiche wiederholen: »Alles ist in Ordnung. Wir sind gleich da, dann geht die Tür auf. Alles ist in Ordnung, wir sind gleich da, dann können wir gehen.«

Es ist ganz wichtig, immer wieder das Gleiche zu wiederholen, da jemand, der hysterisch ist, nur sehr schlecht zuhören kann. Erst die Wiederholung von beruhigenden Versicherungen dringt schließlich zu ihm durch.

Ein Freund in der Not

Jan (24) hatte Hannah (23) vor einem Monat kennengelernt. Sie waren ein Herz und eine Seele, nur fiel es Jan auf, daß Hannah nie mit ihm ins Kino gehen wollte, ohne dafür klare Gründe anzugeben. Nach einer Weile gelang es ihm aber, sie doch zu überreden. »Zehn Minuten, nachdem das Licht im Saal ausging, bemerkte ich, wie Hannah unruhig wurde. Ich wußte überhaupt nicht, was los war. Plötzlich stand sie auf und rannte förmlich aus dem Saal. Ich bin ihr sofort nach und fand sie weinend vor dem Kino. Ich nahm sie erst einmal in den Arm, und schließlich erzählte sie, daß sie an Panikattacken litt. Sie schämte sich deswegen und hatte es mir nie erzählen wollen aus Angst, mich zu verlieren.«

Jan war der erste Mensch, dem Hannah von ihrem Problem erzählt hatte. Er ließ sich von ihr genau beschreiben, was sie brauchte, falls eine Attacke noch einmal auftreten sollte, während er dabei war. Hannahs Wunsch war, daß Jan sie auf keinen Fall festhalten solle, wenn sie irgendwo schnell heraus mußte. Jan versprach ihr das. Außerdem verabredeten sie, daß Hannah wegen des Problems in eine Therapie gehen sollte.

Erste Hilfe bei Angstzuständen

Ablenkung

— Wenn Sie merken, daß Sie im Begriff sind, sich in einen angstvollen Gedanken zu verrennen, lenken Sie sich ab! Versuchen Sie, sich im Geiste an alle Möbelstücke in

Ihrer Wohnung zu erinnern oder zählen Sie alle Lampen auf, die sich in Ihrem Haus befinden, innen und außen!

- Wenn Sie merken, wie Sie sich körperlich verspannen, dann haben Sie vergessen zu atmen. Wir haben bereits gesehen: Wer Angst hat, atmet nicht. Atmen Sie daher ganz bewußt ein und aus. Achten Sie dabei besonders darauf, wirklich alle Luft aus sich auszuatmen. Notfalls dürfen Sie dabei ruhig den Bauch einziehen. Das macht dann das tiefe Einatmen durch den Bauch leichter.

  Atmung

- Wenn Ihre Atmung aus Angst schneller geht, dann atmen Sie absichtlich noch schneller. Auf diese Weise übernehmen Sie wieder die Führung.

  Kontrolle

- Wenn Sie sich übermäßig Sorgen wegen eines zukünftigen Ereignisses machen, dann unterbrechen Sie Ihre belastenden Angstgedanken ganz konsequent mit dem Gedanken: »Darüber mache ich mir erst später Sorgen!« – Werden Sie ruhig schlampig, wenn es ums Sich-Sorgen geht!

  Abbruch

- Wenn Sie den Tag schon mit Angst vor einer Panikattacke beginnen, dann schreiben Sie sich einen Zettel, auf dem folgendes steht:
  »Heute nehme ich endlich die Gelegenheit wahr, eine wirklich phantastische Panikattacke zu produzieren. Ich bin fest entschlossen! Keine halben Sachen mehr! Das Ganze soll diesmal ein kolossaler Hit werden! Ich will mich diesmal so richtig auf dem Boden wälzen, mit Schaum vor dem Mund. Und morgen steht's dann in allen Zeitungen!«

  Provokation

Sehen Sie Ihrer Angst ins Auge

Lesen Sie sich diesen Zettel mindestens zehn Mal am Tag durch. Je mehr Sie willentlich versuchen, auf diese Weise absichtlich eine Panikattacke zu erzeugen, desto weniger wird es Ihnen gelingen. Denn wer der Angst ins Auge sieht, der verscheucht sie.

Anhang

Übersicht der Übungen

Im folgenden finden Sie einen Überblick über alle Übungen, die Ihnen in diesem Band vorgestellt worden sind, zusammen mit einer Kurzbeschreibung des Anwendungsbereiches und der entsprechenden Seitenzahl im Text.

	Übung	Anwendungsbereich
S. 63	Phönix aus der Asche	Atemübung zur Entspannung
S. 66	Der aufgewärmte Phönix	Körperübung zum Warmwerden
S. 66	Die Ohren bekommen Besuch	Lockerung der Schultern
S. 67	Den Tibetischen Mönchen abgeguckt	Stärkung der Bauchmuskeln, Kräftigung der Rückenmuskulatur
S. 68	Eine Rutschpartie	Stärkung der Oberschenkel, Kräftigung der Rückenmuskulatur

	Übung	Anwendungsbereich
S. 69	Die Wand muß weg!	Streckung der Waden und Oberschenkel, Kräftigung der Armmuskulatur
S. 69	Allmähliche Muskelentspannung	Entspannung für den ganzen Körper, Förderung der geistigen Entspannung
S. 76	Die Idylle	geistige Entspannung, Training der Vorstellungskraft
S. 79	Auf innerem Horchposten	Wahrnehmung der eigenen Gedankenprozesse
S. 90	»Swish« – Der mentale Scheibenwischer	Angst durch Ruhe ersetzen
S. 93	Der Entspannungsanker	schnelle körperliche und geistige Entspannung
S. 97	Wie sieht Ihr Angst-Monster aus?	die Angst als Gestalt faßbar machen
S. 97	Freunden Sie sich mit Ihrem Angst-Monster an	die Kontrolle über die Angst übernehmen
S. 98	Überreden Sie Ihr Monster zur Zusammenarbeit	Angstgefühle in Ermutigung umwandeln
S. 101	Verschaffen Sie sich Respekt	Ärger herauslassen und so Spannungen abbauen

Übersicht der Fallbeispiele

Manchmal möchten Sie vielleicht noch einmal zu einem Fallbeispiel zurückblättern, das für Sie besondere Relevanz hat. Um Ihnen dabei zu helfen, das gewünschte Fallbeispiel schnell zu finden, sind hier die Titel mit Seitenzahlen und einer kurzen Zusammenfassung noch einmal aufgeführt.

	Titel	Zusammenfassung
S. 42	»Wenn da bloß nichts passiert ist!«	die Nervosität der Mutter geht den Kindern auf die Nerven
S. 46	Pfui Spinne!	Spinnenphobie wird mit Hilfe der Vorstellungskraft überwunden
S. 47	Angst vor dem Rotwerden	ein strenger Schullehrer in der Kindheit ist die Ursache für das Erröten als Erwachsener
S. 49	Der ängstliche Lastwagenfahrer	Panikattacken durch postitive Selbstgespräche in den Griff bekommen
S. 52	Das Brett vor dem Kopf	eine fleißige Schülerin verliert mit Hilfe von positiven Selbstgesprächen ihre Angst vor Klassenarbeiten
S. 55	Gesellschaftliche Verpflichtungen leicht gemacht	mit Visualisierungsübungen locker und entspannt bei gesellschaftlichen Anlässen
S. 58	Die falsche Frau	Depressionen verschwinden nach der Trennung von einer herrischen Partnerin
S. 76	Die verspätete Wasserratte	nach fehlgeschlagenen Versuchen in der Kindheit doch noch Schwimmen lernen

	Titel	Zusammenfassung
S. 83	Vom Beifahrer zum Fahrer	Visualisieren und positive Selbstgespräche helfen, die Angst vor dem Fahren auf der Autobahn zu überwinden
S. 87	Platzangst im Tunnel	Belastung durch rücksichtslosen Ehepartner führt zur Angst vor dem U-Bahnfahren
S. 93	Niedergeschlagenheit wie weggewischt!	nach dem Tod des Mannes Depressionen mit der NLP-Scheibenwischer-Übung zu Leibe rücken
S. 95	Ohne Streß geht's auch!	durch Entspannung die morgendliche Nervosität vor der Arbeit überwinden
S. 99	Es rasselt auf dem Rücksitz	heilende Bilder helfen, die Angst vor dem Autofahren zu verlieren
S. 110	Rettungsmannschaft Familie	die Angst der Mutter bindet Tochter und Großmutter ans Haus
S. 112	Ein Freund in der Not	Klaustrophobie im Kino und wie man dem Betroffenen helfen kann

Nützliche Adressen

Um einen guten Therapeuten in Ihrer Gegend zu finden, können Sie sich schriftlich oder telefonisch an folgende Adresse wenden:

Institut für Humanistische Psychologie
Schubbendenweg 4
D-52249 Eschweiler
Tel. 0 24 03/ 47 26

Ein Berufsverbandsverzeichnis von Psychotherapeuten ist dort ebenfalls erhältlich.

Wenn Sie eine Hypnosetherapie erwägen, können Sie sich an folgende Adressen wenden:

Milton-Erickson-Gesellschaft für klinische Hypnose (M.E.G.)
Konradstr. 16
D-80801 München
Tel. 089/ 33 62 56

Deutsche Gesellschaft für Hypnose (DGH)
Druffelsweg 3
D-48653 Coesfelde
Tel. 02541/ 70 007

Sollten Sie noch Fragen zum Inhalt des Buches haben, können Sie mich unter folgender Anschrift erreichen:

Vera Peiffer
The Peiffer Foundation
18–20 The Grove
GB-London W5 5LH

(Das Porto ist dasselbe wie für Briefe innerhalb Deutschlands.)

Wenn Sie sich für meine Seminare in Deutschland interessieren, wenden Sie sich bitte an folgende Adresse:

Nada Lemke
PEIFFER KOLLEG
Geheimrat-Schott-Str. 15a
D-69181 Leimen
Telefon 0 62 24 / 95 15 01

Weiterführende Literatur

Bokun, Branko: Wer lacht, lebt. Ariston, 1997.
Denning, Melita/Philips, Osborne: Psychischer
Selbstschutz. Die Entwicklung positiver Kräfte.
Hermann Bauer, 1996.

Federspiel, Krista/Lackinger, Ingeborg: Kursbuch Seele.
Was tun bei psychischen Problemen?
Kiepenheuer & Witsch, 1997.

Heinze, Roderich/ Vohmann-Heinze, Sabine: NLP –
mehr Wohlbefinden und Gesundheit.
Gräfe und Unzer, 1996.

Kast, Verena: Vom Sinn der Angst. Wie Ängste sich fest-
setzen und wie sie sich verwandeln lassen.
Herder, 1996.

Krüger, Michael: Autogenes Training. Entspannt und
gesund durch das individuelle Erfolgsprogramm.
Urania, 1997.

Peiffer, Vera: Positives Denken. Was Sie längst wußten,
aber nie anwenden konnten. Midena,1995.

–: Hypnosetherapie. Goldmann, 1997.

–: Wie Sie lernen, »nein« zu sagen. Raus aus der
Pflicht-Falle. Midena, 1998.

Reichardt, Helmut: Schongymnastik. Das Übungsprogramm für Beweglichkeit, Leistungsfähigkeit und Wohlbefinden. BLV, 1997.

Schick, Andrea: Minutengymnastik easy.
Humboldt, 1997.

Winter, J.A.: Seele und Körper. Psychosomatische
Störungen erkennen, behandeln, heilen.
Ariston, 1997.

Stichwortverzeichnis

„Nein" sagen zu können ohne anschließend von Schuldgefühlen und Selbstvorwürfen geplagt zu werden – dies ist einer der wichtigsten Lernprozesse im Leben eines Menschen. Wer sich ausgeglichen und psychisch gesund fühlen möchte, muß wissen, wann es genug der Pflichten ist.

Vera Peiffer zeigt wirksame Wege auf, wie man sich selbst abzugrenzen lernt, seine Harmonie-Sucht überwindet und aus der „Pflicht-Falle" aussteigt.

GRENZEN ZIEHEN

OHNE SCHULDGEFÜHLE

Vera Peiffer

Wie Sie lernen
»nein«
zu sagen

Raus aus der Pflicht-Falle

Fragebögen
Fallbeispiele
Verhaltenstraining

MIDENA

168 Seiten, durchgehend zweifarbig, 16 x 21,5 cm, Broschur mit Klappen

ISBN 3-310-00393-0
öS 145,–/sFr. 19,–
DM **19,90**